鲁迅的晚年情怀

王彬彬 著

中国书籍史传馆〔流年碎影〕

中国书籍出版社
China Book Press

图书在版编目（CIP）数据

鲁迅的晚年情怀 / 王彬彬著 . — 北京：中国书籍出版社，2014.7
ISBN 978-7-5068-4306-5

Ⅰ.①鲁… Ⅱ.①王… Ⅲ.①鲁迅（1881～1936）—传记 Ⅳ.①K825.6

中国版本图书馆 CIP 数据核字（2014）第 178633 号

鲁迅的晚年情怀

王彬彬　著

图书策划	武　斌　崔付建
责任编辑	牛　超
责任印制	孙马飞　马　芝
出版发行	中国书籍出版社
地　　址	北京市丰台区三路居路 97 号（邮编：100073）
电　　话	（010）52257143（总编室）（010）52257140（发行部）
电子邮箱	chinabp@vip.sina.com
经　　销	全国新华书店
印　　刷	北京中华儿女印刷厂
开　　本	710 毫米 × 960 毫米　1/16
字　　数	240 千字
印　　张	14.25
版　　次	2015 年 1 月第 1 版　2019 年 4 月第 2 次印刷
书　　号	ISBN 978-7-5068-4306-5
定　　价	42.00 元

版权所有　翻印必究

修订说明

记得是1997年春节后动笔，以几个月的时间把这本小书写完。那年我35岁，思想上比今天更为幼稚，学识上比今天更为浅薄，评骘历史、月旦人物，比今天更没有分寸，所以，这本35岁时写的书中，乖舛、荒谬之处，是并非个别的。这一次，我以救活这本小书的心情对它进行了修订。修订之处是颇不少的。特别要交代的，是原书的第四章《脊梁与篾片》几乎整体地删除了，只保留了最后一节"从血泊里寻出闲适来"，即便是这一节，也删掉不少。原来的第四章，主要是论述鲁迅与以胡适为代表的现代自由主义知识分子的关系，而对胡适们进行了彻底的否定，甚至不无谩骂之语。这充分显示了我那时的浅陋、糊涂。五年后的2003年，我发表了《风高放火与振翅洒水》一文，从政治观念、政治立场的角度对鲁迅与胡适做了比较。我自以为这篇文章的立论较为公允，现在以这篇《风高放火与振翅洒水》替换原来的第四章。

除了第四章等于重写，其他地方的修订，主要是删。删掉了不少我现在认为是不正确、不妥当的文字。但并没有删干净。有的地方，无法进行个别字句的删除。要表达我现在的看法，必须整章整节地重写。但出版社催稿甚急，重写似乎不可能。所以，有些我现在不满意的地方，只得仍旧保留着。

所谓以修订的方式将这本小书救活，并非说修订后的书就有了了不得的价值，而是说，书中对鲁迅的某些看法，例如"姑活心态"，例如"启蒙即救亡"的思想，例如"政治怀疑主义"，例如"多少话，欲说还休"，对于人们理解鲁迅，或许多少起一点参考作用。

书中鲁迅原文引用较多，大都在行文中说明了文章题目和写作日期。其他著作，引述较少，也尽量在行文中指出了作者和书名或文章题目。天津人民出版社出版的《鲁迅研究资料》第五辑，收录了较多的鲁迅上海时期的资料。在写作本书时，大大借助了这本资料集，有些观点，则是转引自该书，在此再次说明。

2014 年 7 月 24 日夜挥汗于南京仙林和园

目 录
CONTENTS

第一章 逆旅中的姑活

"我看住在上海,总是不好的" / 005

"就姑且活下去吧" / 017

第二章 刀丛荆榛中的恶战苦斗

"国民党何尝不想逮捕我,杀害我" / 033

"骂鲁迅是'公事'" / 044

"杀人不见血的武器" / 052

第三章 启蒙即救亡

"人类向各民族所要的是'人'" / 064

"可羞甚于陨亡" / 079

"甘为泥土" / 083

第四章　风高放火与振翅洒水

"做戏的虚无党"与"要一个政府" / 101

"试看最后到底是谁灭亡"与"救得一弊是一利" / 107

"最好闭嘴"与"想想国家的重要问题" / 112

"从血泊里寻出闲适来" / 123

第五章　"没齿无怨言"与"一个都不宽恕"

"赤条条地站出来说几句真话就够了！" / 136

"砭锢弊常取类型"与"无意中触着了别人的伤疤" / 143

"辱骂和恐吓决不是战斗"与"说婊子是婊子，就不是骂" / 151

"有热烈的好恶"与"只能令人变小" / 157

第六章　多少话，欲说还休

"在悲愤中沉静" / 167

"其实我何尝坦白" / 173

"我的顾忌并不少" / 180

第七章　临终情怀

"战斗的文章，乃是先生一生中最大，最久的业绩" / 199

"都和我有关" / 207

后　记 / 213

第一章 逆旅中的姑活

秋天的北京，不管人间的世界怎样云谲波诡、血雨腥风，空中，却总有一轮艳阳在高照。1926年8月26日这一天，也是如此。下午4时25分，鲁迅乘坐火车，告别了这座古城。同行者有许广平。自1912年5月起，鲁迅便一直生活在这里，但此刻，他却不得不离它而去。在以后的岁月里，他曾多次流露对这座北国大城的怀恋，但他再也不能回到这里定居，只能作为匆匆过客，有过两次短暂的逗留。

他此行的目的地，是远在南国海边的厦门。

鲁迅为什么要离京南下，简要说来，原因大概有这样几种：

（一）五四运动以后，北京的新文化阵营发生分化。原来同一步调的"战友"，有的高升，有的退隐；有的转向，有的颓唐。鲁迅觉得自己"成了游勇，布不成阵了"。鲁迅题《彷徨》诗"寂寞新文苑，平安旧战场。两间余一卒，荷戟独彷徨"，便是当时孤寂心态的写照。同时，北洋政府也加紧了对文化界的控驭、统制，言论的自由度日见其小。这使鲁迅感到北京成了"沙漠"，"没有花，没有诗"。而这时，南方则显得更有生机和活力，遂使鲁迅对南方心生向往。

（二）1926年"三一八"惨案发生后，鲁迅写了一系列文章，揭露和抨击军阀政府，于是自身也就难免陷入险境。惨案过后，段祺瑞政府通缉5名所谓"暴徒领袖"，之后，《京报》又传出一张被通缉者名单，鲁迅名列其中。在友人的关心和敦促下，鲁迅于1926年3月26日离开寓所，避居莽原社、山本医院、德国医院、法国医院等地。此种境遇，也使他考虑离京的问题。

（三）鲁迅之所以不得不离开北京，还有一个很现实的原因。1925年10月，鲁迅已与许广平"定情"。而要"终成眷属"，也必须"走异路，逃异地"。在北京，鲁迅是无法与许广平生活在一起的。在使得鲁迅离开北京而去往南方的诸种原因中，与许广平的"定情"应该是最重要的一种。

以上几种推力，终于在1926年8月26日这一天，把鲁迅推上了南行的列车。

上海毕竟是上海，三天两头阴雨。1926年8月29日这一天，天气先是阴沉，午后还下起了大雨。鲁迅在这一天抵达上海。次日晚，郑振铎在消闲别墅宴请鲁迅，座中有刘大白、夏丏尊、陈望道、沈雁冰、胡愈之、朱自清、叶圣陶、王伯祥、周予同、章雪村、刘勋宇、刘叔琴、周建人等人。

鲁迅在上海短暂停留后，于9月1日夜登上往厦门的海轮。当时，他没有料到，仅仅一年多以后，又会回到这座长江入海口边的城市，回到这他并不喜欢的"洋场"，在这里度过自己的晚年岁月，并且永久地安息在这里。

鲁迅原打算在厦门"休整"两年，再作他计，但结果只呆了四个多月。其原因，一是鲁迅很快发现厦门这地方，骨子里也和北京一样，"死气沉沉"；其次，鲁迅任教的厦门大学，也乌烟瘴气，一些素为鲁迅所厌恶的"现代评论派"人物也来到厦大，使鲁迅觉得此处难以久留。在1926年10月23日致许广平的信中，他说："我以北京为污浊，乃至厦门，现在想来，可谓妄想，大沟不干净，小沟就干净么？"厦门与北京同样的"不干净"，终于使鲁迅决定远离。

鲁迅于1927年1月离开厦门到达广州。但广州也非久留之地。鲁迅在广州，也只呆了八个多月。他到广州后，被任命为中山大学教务主任兼文学系主任。1927年4月12日，国民党在上海开始"清党"，捕杀共产党人，4月15日，广州也发生了同样的事件。中山大学也有学生被捕。为营救被捕学生，鲁迅与校方尖锐冲突。本来，由于又有令鲁迅闻其名而皱眉的"现代评论派"人物来到中大，已使他心生去意，现在又加上时局的剧变，鲁迅便毫不犹豫地辞去了在中山大学的一切职务。

1927年9月27日，鲁迅和许广平登上海轮，前往上海。

"我看住在上海，总是不好的"

有的鲁迅传记，在写到鲁迅离粤赴沪时，用"开阔爽朗"、"精神抖擞"一类词形容他当时的精神状态，而之所以如此，则因为鲁迅觉得当时的中国"是一个进向大时代的时代"。但我想，鲁迅当时的精神状态，恐怕并不如此昂扬、乐观，毋宁说，更多的是阴郁、忧愤和焦虑。鲁迅在那时，的确有着一种对所谓"大时代"的预感，但鲁迅预感到的"大时代"，并不必然意味着新生，也可以意味着更彻底的沉沦和死亡。到上海后不久，鲁迅在《〈尘影〉题辞》中说过这样的话："在我自己，觉得中国现在是一个进向大时代的时代。但这所谓大，并不一定指可以由此得生，而也可以由此得死。"

又有人说，鲁迅当时离粤赴沪，是文化鲲鹏"择木而栖"，"最后选择了上海，在那里筑巢"。这种说法也颇不合于实情。鲁迅虽然在上海度过了生命的最后十年，但他却从未积极主动地"选择上海"。在当时情形下，鲁迅来到上海，实在是一种无可奈何的"选择"，某种意义上,可以说是在走投无路的情况下,怀着些惴惴不安,心神不宁地踏上上海的码头的。对厦门和广州感到失望后,鲁迅并没有在上海长住的打算。许广平后来在《景云深处是吾家》一文中回忆说:"鲁迅在广东遭遇一九二七年的'清党'之后,惊魂甫定,来到了上海,心里是走着瞧,原没有定居下来的念头的,因自厦门到广州,他如处于惊涛骇浪之中,原不敢设想久居的。所以购置家具,每人仅止一床、一桌、二椅等便算足备了。"所以,鲁迅是怀着一种漂泊感踏上上海滩的。

本来,以当时中国之大,也并没有一处地方是鲁迅既能够又乐意居住的。黑暗和压迫、荒谬和无聊、污浊和血腥、腐朽和没落,是到处都一样的。所以,并没有一个地方能够令鲁迅在身心两方面都感到习惯、舒适。现在想来,这倒是正常的。如果不这样,倒有些难以理喻;如果不这样,中国也就不是中国,而鲁迅也就不成其为鲁迅了。

因此,当我想象着鲁迅离粤赴沪的精神状态时,我的眼前出现的是《野草·过客》中过客的身影:"状态困顿倔强,眼光阴沉,黑须乱发……",而"东,是几株杂树和瓦砾;西,是荒凉破败的丛葬;其间有一条似路非路的痕迹……"我想,鲁迅离粤赴沪,在他来说,踏上的也正是一条"似路非路"的路。当我想象着当时的情景时,当然还有"过客"的声音在耳边响起:"……那不行!我只得走。回到那里去,就没一处没有名目,没一处没有地主,没一处没有驱逐和牢笼,没一处没有皮面的笑容,没一处没有眶外的眼泪。我憎恶他们,我不回转去!"然而,究竟要到哪里去呢?"但是,我不知道。从我还能记得的时候起,我就在这么走,要走到一个地方去,这地方就在前面。我单记得走了许多路,现在来到这里了。我接着就要走向那边去。"而那边"是荒凉破败的丛葬"。

短短一年多的时间内,鲁迅从北京到厦门再到广州,"拣尽寒枝不肯栖",但最终却不得不在上海滩上栖息下来,并从这里走向了"坟"。

但栖息下来的，仅只身而已，至于心，则直到生命之火熄灭，也未曾安顿下来过。初来上海时，鲁迅固然有一种漂泊感，一种视上海为逆旅的心态。但实际上，这种漂泊感，这种逆旅心态，直至生命终结，也并未改变过。鲁迅是怀着在上海"过一天算一天"的心情，在上海过到了死亡降临的。

一个人对当下的生活有着怎样的心态，是感到满意并准备长久保持下去，还是深感不满并随时打算改变；一个人对眼下栖身的地方怀着怎样的感情，是感到习惯甚至喜欢并准备在此安身立命，还是感到不适甚至厌恶并时刻打算离去——这在某种程度上决定着他的生活态度和工作方式。而那种始终怀有的漂泊感，那种一直存在着的逆旅心态，对鲁迅晚年在上海的生活态度和工作方式无疑也都有着一定的影响。

至于鲁迅为何始终不能在当时的上海安下心来，当然有一些具体原因。

从地域上说，鲁迅本就不喜南方而更爱北国。鲁迅虽生长于越地，但却更喜北国风光的辽阔和峻伟。这与鲁迅的精神气质是相符的。即使北方的严寒，也寒得大气、明快，不像南方的冷，阴丝丝、鬼戚戚。对于江南的纤细、精巧、柔弱，鲁迅是颇有些排斥的。在1935年9月1日致萧军信中，他曾说："满洲人住江南二百年，便连马也不会骑了，整天坐茶馆。我不爱江南。秀气是秀气的，但小气。听到苏州话，就令人肉麻。此种言语，将来必须下令禁止。"作为一个南方人，对江南的风物和人情都如此不能亲近，也很能见出鲁迅的特异。有趣的是这里对苏州话的议论。因为是好友之间的通信，说话很随便，"禁止"云云，自然是笑谈。鲁迅当然不会公开发表这样的言论，但玩笑后面，却有着鲁迅真实的好恶。读过《野草》的人，当会记得其中的一篇《雪》，将"江南的雪"与"朔方的雪"作了比较。"江南的雪"虽然也被写得美丽和极富诗意，但鲁迅显然更爱"朔方的雪"：

1928年，鲁迅在上海闸北景云里住所内。

但是，朔方的雪花在纷飞之后，却永远如粉，如沙，他们决不粘连，撒在屋上，地上，枯草上，就是这样。……在晴天之下，旋风忽来，便蓬勃地奋飞，在日光中灿烂地生光，如包藏火焰的大雾，旋转而且升腾，弥漫太空，使太空旋转而且升腾地闪烁。

在无边的旷野上，在凛冽的天宇下，闪闪地旋转升腾着的是雨的精魂……

是的，那是孤独的雪，是死掉的雨，是雨的精魂。

这是在写雪，但更是在写人，是在写一种精神气质，是在写精神的大飞扬、灵魂的大升华。鲁迅蛰居沪上时，每到冬日，当深夜里坐在灯下、坐在南方的阴冷中时，一定会深深怀念北方的"孤独的雪"，怀念那漫天飞扬的"雨的精魂"，而这时，北归的欲望一定会在心中抬起头来。蛰居沪上的鲁迅，像一株寒带植物，被移栽到了上海滩上，时时感到烦躁、郁闷。

在江南地带，鲁迅尤其不喜欢当时被称做"洋场"的上海。洋人的耀武扬威，国人的卑琐势利，商人气息的浓烈滞重，当然都是与鲁迅的精神气质格格不入的。就是当时上海街道的狭窄弯曲，也令鲁迅时时怀恋当时北京的空旷宽阔。

当时上海文坛的状况,也令鲁迅厌恶不已。其时沪上文界,正如政界、商界、教育界一样,是鱼龙混杂之地。有许多想以文谋生者从全国各地汇聚到上海,其中固不乏端正优秀之士,在上海诚实地从事文化工作,但也有不少原本便是流氓恶棍无赖的人,混迹于上海文场,煽风点火,兴风作浪,手段卑劣之极。在1934年12月26日致萧军、萧红的信中,鲁迅曾说:"所谓上海的文学家们,也很有些可怕的,他们会因一点小利,要别人性命……这种人物,还是不和他们认识好。我最讨厌江南才子,扭扭捏捏,没有人气,不像人样,现在虽然大抵改穿洋服了,内容也并不两样。其实上海本地人倒并不坏的,只是各处坏种,多跑到上海来作恶,所以上海便成为下流之地了。"

鲁迅对当时上海不能有亲近之感,心理上始终把这里当做暂居之地,也与在上海期间日常生活中的一些经验有关。鲁迅在上海期间,搬过三次家,有时便是因为与邻里不能相安,"惹不起躲得起"地逃离的。许广平在《景云深处是吾家》中,曾这样回忆住在景云里23号的情形:

不料有一天,忽然砰砰枪声接连不断。我们只好蛰居斗室,听候究竟。事后了解,才晓得有一"肉票",被关在弄内,后为警察发觉,绑匪企图抵抗,就窜到汽车房的平台上,作居高临下的射击。在射击时,流弹还打穿二十三号的一扇玻璃窗,圆圆的一个小洞,煞是厉害。结果自然是警察得胜,绑匪陈尸阳台,可见当时景云里是鱼龙混杂,各色人等都有。鲁迅也未能安居,住在景云里二弄二十三号时,隔邻大兴坊,北面直通宝山路,竟夜行人,有唱京戏的,有吵架的,声喧嘈闹,颇以为苦。加之隔邻住户,平时搓麻将的声音,每每于兴发时,把牌重重敲在红木桌面上。静夜深思,被这意外的惊堂木式的敲击声和高声狂笑所纷扰,辄使鲁迅掷笔长叹,无可奈何。尤其可厌的是在夏天,这些高邻要乘凉,而牌兴大发,于是径直把桌子搬到石库门内,迫使鲁迅竟夜听他们的拍拍之声,真是苦不堪言的了……我们的后门,紧对着一位鼎鼎大名的奚亚夫,挂有大律师的招牌。他家中有十四五岁的顽童,我们通常走前门,哪里招惹着他们呢?但因早晚在厨房煮饭,并带领建人先生的小孩,因此被顽童无事生非地乘煮食时丢进石头、沙泥,影响到小孩的安全和食物的清洁。鲁迅几经忍耐,才不得已地向之婉言。不料律师家的气焰更甚,顽童在二十三号后门上做那时上海流氓最可鄙的行为:画白粉笔的大乌龟,并向我们的后门撒尿。理论既不生效,控告岂是律师之敌,这时,刚好弄内十八号有空屋,于是在一九二八年九月九日移居到十八号内……古人云择邻相处,但当时的上海,无论如何择法,也很难达到自己的愿望。这是一段惨痛的回忆。

许多年后,许广平在回忆这段往事时,还用了"惨痛"这样的字眼,可见这种事对鲁迅和许广平来说,并非小事一桩。后来,鲁迅不止一次地把上海文场上某些人的做法与顽童的恶作剧联系起来,指出文场上这类人的伎俩,与用粉笔在人背上画一个大白乌龟如出一辙。在《且介亭杂文》中,收有一篇《阿金》,表达的是居住环境恶劣的苦恼,也是对阿金这类声称"弗(勿)轧姘头,到上海来做啥呢?"的人的解剖。

于生存之地感到极不习惯,时时想离去但却终于迈不开腿,避之唯恐不及但却又不得不日复一日地在这样的环境中苦捱着,自然总有一种烦闷、焦躁笼罩在心头。在上海期间,鲁迅在与友人通信时,不断地提到对上海文坛的厌恶和想换一处地方的打算。这里随意择几处,抄录下来:

1932年6月5日致台静农:"沪上实危地,杀机甚多,商业之种类又甚多,人头亦系货色之一,贩此为活者,实繁有徒,幸存者大抵偶然耳。"

1932年7月8日致黎烈文:"我与中国新文人相周旋者十余年,颇觉得以古怪者为多,而漂聚于上海者,实尤为古怪,造谣生事,害人卖友,几乎视若当然,而最可怕的是动辄要你生命。"

1932年11月20日回京探母期间致许广平:"我到此后,紫佩、静农、霁野、建功、兼士、幼鱼,皆待我甚好,这种老朋友的态度,在上海势利之邦是看不见的。"

1934年4月9日致姚克:"但上海真是是非蜂起之乡,混迹其间,如在洪炉上面,能躁而不能静,颇欲易地,静养若干时,然竟想不出一个适宜之处,不过无论如何,此事终当了之。"

1935年2月9日致萧军、萧红:"我也时时感到寂寞,常常想改掉文学买卖,不做了,并且离开上海。"

直到1936年8月13日致沈雁冰信中,鲁迅还在说:"我看住在上海,总是不好的。"而此时,离他辞别人间只有两个月了。说鲁迅始终未能在上海安下心来,始终有着一种漂泊感,始终怀着一种逆旅心态,是恰如其分的。

这种逆旅心态,必然伴随着烦躁。这样一种心态,决定着鲁迅的工作方式只能是"打杂",不能静下心来构思、营造大部头的著作,也难以进行纯粹的艺术创作。很有一些人为鲁迅在上海期间把生命和才华消耗在"琐屑"的文笔上而遗憾,他们认为,在上海期间的鲁迅,人生经验已极丰富,思想也趋于成熟,应该少问世事,不管文坛是非,精心写出几部"大书",这样鲁迅便有价值得多。这种遗憾是否有理,以及在多大程度上有理,姑且不论。这里只想指出,当时要鲁迅沉静下来,忘情地倾吐自己全部的思想、情感,其实是不可能的。这不可能的原因有多种,也还有比逆旅心态更深刻的原因。但那种漂泊感,那种逆旅心态,那种因生存环境不适而生的烦躁不安,却也是令鲁迅不能静心撰写大部头著作的一种最直接最现实的原因。既然抱着在这里"过一天算一天"的打算，又怎能着手一种大的工作计划呢？所以在写作上，也就自然有一种写一篇算一篇的心态。

居沪期间，在与友人通信时，鲁迅常用"打杂"来形容自己的生活和工作状态。时而写杂文，时而弄翻译，还要为别人看稿、校对和帮人介绍稿子，使鲁迅"颇以为苦"。烦躁的逆旅心态使鲁迅只能采取"打杂"的工作方式，而"打杂"的工作方式又使鲁迅更烦躁。对自己的生活和工作状况，鲁迅时时在通信中流露出不满。1933年10月27日致郑振铎信中，鲁迅说自己"居此五年，亦自觉心粗气浮，颇难救药"。1935年7月29日致萧军信中，则说自己近来的译作，"是几乎没有一篇不在焦躁中写成的"。

本来，鲁迅离开广州后，对自己今后的生活方式是举棋不定的。究竟以何种职业谋生，以怎样的姿态度过此后的岁月，曾令鲁迅颇感选择的困难。按理，进大学教书，是一种最轻便最合适的选择。但目睹了教育界的黑暗，鲁迅决计再不入此道，所以，进大学当教授这一途，则一开始便不在考虑之列。对于大学里的拉帮结派、营植排挤现象，鲁迅深恶痛绝。其时中国的大学，固然也藏龙卧虎，但更藏污纳垢，且龙虎与污垢，往往不成比例，半条龙，一只虎，置身于如山如海的污垢中，只有受欺侮、被践踏的命运。何况在有的地方，连龙虎的影子也没有，而只有鼠狐鸡犬呢！

大学里的人员，分成师生两部分。对教师一流的不满、厌恶，是鲁迅在北京期间早就有的，但并不妨碍他在几处学校兼职，更不妨碍他离开北京后，在厦门进了厦门大学，在广州进了中山大学。究其原因，恐怕是因为那时鲁迅对大学里学生一流还抱着希望，还愿意多与青年人接触，也想利用大学的讲坛向青年人讲述自己的思想。在这以前，鲁迅总有一个信念，以为青年必胜于老年，将来必胜于现在，所以，置身于青年人中，是他所乐意的。但在广州目睹国民党的"清党"后，这种在一定意义上支撑着鲁迅精神世界的信念明显破灭了。在写于1927年9月4日的《答有恒先生》中，鲁迅极为沉痛地说道：

> 我的一种妄想破灭了。我至今为止，时时有一种乐观，以为压迫，杀戮青年的，大概是老人。这种老人渐渐死去，中国总可以比较地有生气的。现在我知道不然了，杀戮青年的，似乎倒大概是青年，而且对于别个的不能再造的生命和青春，更无顾惜。如果对于动物，也要算"暴殄天物"。

这样一种"妄想"的"破灭"，对鲁迅精神世界的打击是沉重的。本来一直寄希望于青年，而现在发现青年也并不足信，那么，到哪里去寻找希望呢？

这样一种"妄想"的"破灭"，对鲁迅此后的思想观念、思维方式都产生了明显的影响，而最直接最明显的影响，便是对青年人也开始有了冷峻的审视，并不再进入青年人成堆的大学。本来便对大学里的教师阶层没有好感，现在连对大学里的学生阶层也有了怀疑，那么，又进到那校园里去干什么呢？因为对大学里的教师和学生、对大学里的老年和青年都感到失望，才使得鲁迅到上海后，拒绝了大学的所有聘请，拒绝了这样一条十分安逸的生活之路，而宁愿用一支笔，支撑起全部的生活重担。

既不愿入教育界，那么，对于当时的鲁迅来说，实际上也就只剩下成为自由作家一条路了。决定以自由人的身份从事写作之后，还有一个写什么和怎么写的问题。其实，在上海期间，专心创作的打算，也是有的，尤其明确的想法，是写一部中国文学史，这种心愿，是很早以来便伴随着鲁迅的，而且在上海期间，一直未放弃这种心愿。鲁迅在上海期间致友人信中，常常说自己想好好"用用功"，并为不能如此而苦恼。

所谓"用功",应该就是指把久已想写的中国文学史写出来:

1933年4月13日致李小峰:"文学史不过拾集材料而已,倘生活平安,不至于常常逃来逃去,则拟于秋间开手整理也。"

1933年10月21日致曹靖华:"文学史尚未动手,因此地无参考书。很想回北平用一两年功,但恐怕也未必做得到。"

1933年10月27日致台静农:"明年颇欲稍屏琐事不作,专事创作或研究文学史,然能否亦殊未可必耳。"

1934年10月6日致萧军、萧红:"我到上海后,即做不出小说来,而上海这地方,真也不能叫人和他亲热。"

如果专事创作,鲁迅会写出怎样的作品,自难推测。但文学史如果真的如愿写成,那肯定是一部极富特色的书。从《魏晋风度及文章与药及酒之关系》一类鲁迅已有的对中国文学史的零星论述中,可以想见他如写一部系统的中国文学史,一定会有许多精辟深刻的见解。鲁迅之所以"久欲写中国文学史",也因为对中国文学史有许多话想说,而且十分自信能说出些别人说不出的话。未能实现写一部中国文学史的心愿,其实是鲁迅的一件终身憾事。

漂泊感,逆旅心态,使得鲁迅最终只能采取一种"打杂"的工作方式。那么,除了上海,就真的无处可去吗?其实也并非如此。如果只想安安静静地过活,鲁迅既可以到国外去当寓公,也可以到一稍稍安静些的城市去做一个闲散的人。当时这样的机会是都有的,但鲁迅都放过了。其间,也曾有过到日本小住的打算,但终因放不下中国而未能成行。1935年6月,鲁迅在中山大学时的学生,时任桂林广西省立师范专科学校教务长的陈此生,也曾以优厚的薪金聘请鲁迅去任教,但鲁迅也回绝了。

鲁迅之所以不愿离开上海,从主观上来说,是不愿向敌人示弱。这敌人,既指国民党当局,也指其时上海文坛上的鬼魅。对于敌人来说,鲁迅是"眼中钉、肉中刺"。其时不断有各种关于鲁迅的谣言,时而说鲁迅已出国,时而说鲁迅到了乡下,时而又说鲁迅身患险症。造谣者固然别有混淆视听的用心,但也反映了他们内心的意愿,如果鲁迅真的如此,他们会弹冠相庆。还有人时时在文章里用心极为恶毒地暗示鲁迅年岁已高,言外之意是死期将至。他们当然盼望着鲁迅早日离开这人间,从他们的世界里永远消失。不能如愿,便以种种方式加以迫害。在上海期间,鲁迅的文章不能发表,或者被删改得面目全非的情况,是一种常态。有一段时期,鲁迅的所有译著都被禁止出版,这样做,也意在迫使鲁迅无法在上海、甚至在中国生活,而只得远走异邦。至于国民党为什么没有对鲁迅采取更现实更直接的手段,例如将他逮捕或暗杀,倒并非因为他们不想,而是因为不敢。国民党当局在内忧外患的情况下,不敢轻易对鲁迅采取极端的举动,唯恐引发不可收拾的事态。所以,在当时的情形下,国民党当局其实对鲁迅做了他们能做的一切。如果说鲁迅终于没有死在暗中伸出的枪口下,那恐怕并不能完全视做是当局的宽容,也应该理解为当局的无奈。据胡风写于狱中的《关于三十年代前期和鲁迅有关的二十二条提问》中说,鲁迅逝世时,"连孔祥熙和国民党的上海市长之流都送了挽联"。这虽然让人哭笑不得,但也可看出这根"眼中钉、肉中刺"在他们心目中的分量。他们这样做,当然也想最后利用一下鲁迅来收买人心,表明他们并非大众的敌人和进步文化的扼杀者,但反过来,也说明他们为何不敢轻易对鲁迅动杀手。既然文坛上的敌人和国民党当局都希望鲁迅从他们的视听里消失,这也促使鲁迅偏不离开上海,偏不离开中国。1936 年 5 月 4 日致王冶秋信中,谈到文坛上一些人对自己的讨伐时,鲁迅说:"然而中国究竟也不是他们的,我也要住住。"这种偏不离去,偏要站在敌人面前,偏要与旧世界"捣乱"的心态,在致日本友人山本初枝信中,表露得更明显。

1933 年 6 月 25 日致山本初枝信:"朋友中已有一人失踪,一人遭暗杀。此外，可能还有很多人要被暗杀，但不管怎么说，我还活着。只要我活着，就要拿起笔，去回敬他们的手枪。"

1933年7月11日致山本初枝信："而且我现在也不能离开中国。倘用暗杀就可以把人吓倒，暗杀者就会更加跋扈起来。他们造谣，说我已逃到青岛，我更非住在上海不可，并且写文章骂他们，还要出版，试看最后到底是谁灭亡。"

从客观方面来说，鲁迅之所以终于留在上海，也因为上海在当时中国是一个最适合于战斗的地方。由于"大革命"后政局的变化，鲁迅居沪期间，沪上实际上是全国的文化中心，在这里发言，能产生最大的影响。各地的各种文化人都"漂聚"上海，各种文艺思潮、文学流派都能在上海找到自己的舞台，同时，各种政治力量也都不放过上海这块"宝地"，都要到上海来制造影响，发出声音。除非鲁迅放弃战斗生涯，否则，上海是同各种各样的敌人进行战斗的最佳场所。这也是鲁迅虽不喜欢当时的上海、但终不能放弃的重要原因。

"就姑且活下去吧"

姑活，便是姑且活着，这是一种人生态度，正如苟活也是一种人生态度一样。这两者似乎容易混淆，其实却是尖锐对立的。

人们对苟活这种人生态度很熟悉，很容易理解。苟活，便是随随便便地活，对怎样活着持无可无不可的态度，而看重的是活着这一生物学意义上的事实。为了能活下去，苟活者可以放弃一切原则。

而姑活者在生与死的态度上与苟活者是截然相反的。姑活，是对死持随随便便的态度，而怎样活着才是最重要的。姑活者，随时准备不活，但只要仍旧活着，那就每一天都要活得认认真真，都要坚守某些原则，都要活出人的价值，活出人性的光辉。苟活，便是"好死不如赖活"，而姑活，某种意义上是"赖活不如好死"。

苟活和姑活，都有消极和积极两种。逆来顺受，与世无争，得过且过，可以说是一种消极的苟活。而那种争名于朝、争利于市者，为了名和利，人格、尊严、立场、原则、操守，都可以让渡，——这也不过是一种苟活，只不过可以称之为积极的苟活而已。

至于苟活的消极与积极之分，借用古语，便类乎"独善其身"与"兼善天下"之别。消极的苟活，是一种防守的姿态，是只求自己活得认真，而不管社会和他人；积极的苟活，则是不但要自己活得认真，还要对社会和他人施加影响，还要以自己的方式试图改造社会和他人。

就鲁迅来说，可以说很早便有着一种苟活心态。鲁迅曾说自己是"死的随便党"，这正是一种苟活的人生态度。不过，在早期，鲁迅曾有过一段漫长的消极苟活的生涯。熟悉鲁迅的人都知道，当1918年，鲁迅提笔写作《狂人日记》之前，曾长期沉默。悲观、绝望，使得他对改造社会和他人失去了信心。那段时期，他以抄古碑、读佛经消磨生命，并自号"俟堂"，也就是所谓"待死堂"的意思。对死，他非但无所畏惧，相反，倒是希望其快些到来。在《呐喊》的"自序"中，鲁迅回忆在绍兴会馆的那段生活时，说："许多年，我便寓在这屋里抄古碑。客中少有人来，古碑中也遇不到什么问题和主义，而我的生命却居然暗暗

1935年5月10日，上海，鲁迅（左五）与铃木大拙（左三）、内山完造（左六）等人在内山完造寓所前合影。

的消去了,这也是我唯一的愿望。"这时候的鲁迅,消极地姑活着,但却活得并不苟且。有一些看似不大的事,倒颇能反映一个人的生活态度。1917年旧历除夕之夜,鲁迅在日记中记下这样的话:"夜,独坐录碑,殊无换岁之感。"这固然可以视做鲁迅其时内心悲观、绝望的证明,但也可以视做鲁迅恪守某些原则的例证。在那时期,鲁迅是反对过旧历年的。1912年1月2日,中华民国临时政府曾通令废除阴历,改用阳历。这在当时也是一种"改革"。鲁迅对这种"改革"是赞

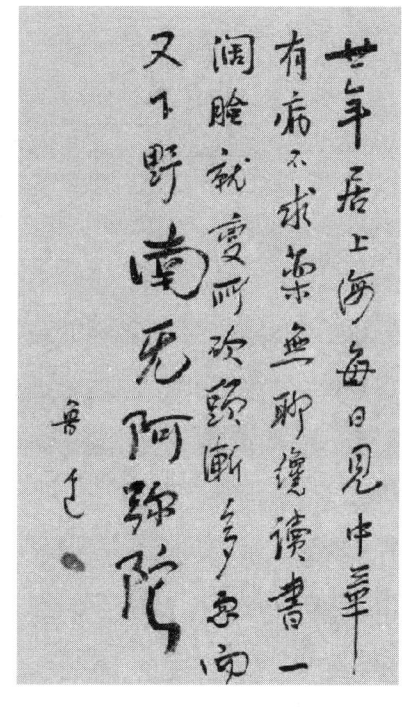

1931年初春,鲁迅墨迹:《赠邬其山》。

成的,所以,不管社会上其他人对这条通令持何种态度,但鲁迅却将其当做一条原则来严守。对旧历年的这种态度,鲁迅坚持了几十年,直到生命的最后几年,因种种原因,才又过起旧历年来。

鲁迅后来人生态度改变了,从消极的"沉默",变成"绝望的抗战"了。但姑活这种心态却并未根本改变,只不过由消极的姑活变成积极的姑活罢了,不但要"独善其身",还要努力"兼善天下"。姑活的心态,在鲁迅蛰居上海期间,是很强烈的。在致友人信中,这种心态时时若隐若现地流露着。例如,1934年1月11日致山本初枝信:

……中国恐怕难以安定。上海的白色恐怖日益猖獗,青年常失踪,我仍在家里,不知是因为没有线索呢,还是嫌我老了,不要我,总之我是平安无事。只要是平安无事,就姑且活下去罢。

1934年8月29日，上海，鲁迅与内山完造等合影。

"姑且活下去罢"，——这可以说是鲁迅在上海期间的一种恒常的心态。这种心态在上海期间之所以特别强烈，原因自然是多方面的。

在上海期间，鲁迅始终有一种逆旅心态，而逆旅，本来就意味着一种姑活。逆旅心态滋生出一种姑活心态，而姑活心态又使得逆旅生活能日复一日地延续下去。鲁迅之所以一直未离开上海，甚至快要成行了又作罢，也与这种姑活心态不无关系：既然已经活不长久了，既然不知哪一天就病倒或被害，那么，又何必再折腾呢，就这样活下去吧。姑活心态，也使得人难以有长远的计划，难静下心来构制鸿篇巨著，因此"打杂"，也就是一种必然的选择。

体察鲁迅思想情感，尤其在探寻鲁迅晚年心态情怀时，有两种经历是值得注意的。一是离寓避难，二是好友被杀。这两种经历，对鲁迅思想情感、对鲁迅人生态度的影响肯定是不小的。"姑且活下去"这样一种人生态度，也与这两种经历有关。

1926年"三一八"惨案后，鲁迅在北京有过一次离家避难的经历。据《鲁迅生平史料汇编》，鲁迅到上海后，离家避难的经历则有4次。

1930年3月19日至4月19日，鲁迅因参加自由运动大同盟，被国民党浙江省党部呈请通缉，离家寄寓于内山书店。

1931年1月20日至2月28日，因柔石等5位"左联"作家被捕，鲁迅受到牵连，避居于花园庄饭店。

1932年1月30日至2月6日，因寓所陷入"一·二八"战火，鲁迅、许广平携海婴，偕同周建人一家共10人，"俱迁内山书店"，"蛰伏于书店楼上"，"过着几个人挤在一起大被同眠的生活，窗户是用厚棉被遮住的，在黑暗沉闷的时日里，度过了整整一个星期"。2月6日，又通过封锁线，转移到英租界内的内山书店支店，其时天寒地冻，所居又是朝北房间，鲁迅等10人"一无所携"，挤在一间屋内，"席地而卧"。就这样过了36天。后来，海婴在流离中患麻疹，鲁迅一家又迁往大江南饭店，在这里又住了6天，直到3月19日才回到寓所。

1934年8月23日凌晨，内山书店两名中国店员被捕，鲁迅遂于同日下午避居千爱里内山完造夫妇寓所，直到两名店员被释放，才于9月18日夜回到自己家中。

这种避难经历自然会对人生态度产生影响。当然，对于不同的人，所产生的影响会迥然有异。"世乱多故，人命危浅"，会使有的人以保命为人生第一要义，也就是所谓"苟全性命于乱世"，这是一种苟活的人生态度。而对于鲁迅这样的人，则只能使他原有的姑活心态更加强烈。在1934年4月25日致山本初枝信中，鲁迅说："我自己觉得，好像确有什

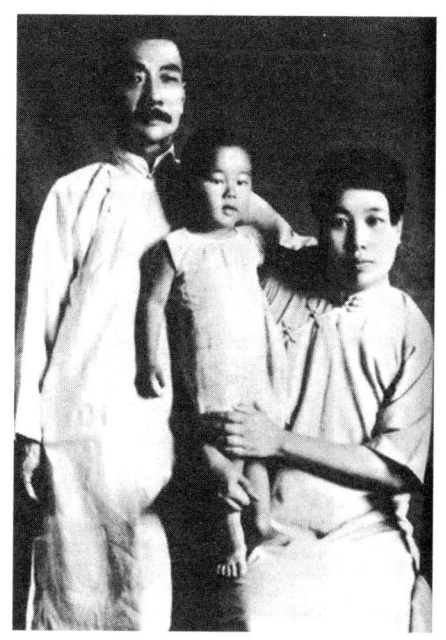

1931年7月，鲁迅、许广平夫妇与儿子周海婴合影。

么事即将临头,因为在上海,以他人的生命来做买卖的人颇多,他们时时在制造危险的计划。"居沪期间,鲁迅头上始终有一柄达摩克利斯之剑悬在那里,随时可能落下来,但不知究竟何时落下来。有些人会吓得趴下,从此畏缩不前。但对鲁迅,这却只能激起愤恨和轻蔑。既然生命随时可能被剥夺,那么,就姑且活一天算一天吧,但活一天,就要劳作一天,战斗一天,"捣乱"一天。

1931年,鲁迅在避难期间,听到柔石、殷夫等人被害的消息后,在一个深夜里,站在客栈的院子中,吟出了"惯于长夜过春时"这首著名的诗。其中一联是:"忍看朋辈成新鬼,怒向刀丛觅小诗。""朋辈成新鬼",鲁迅一生多次"忍看",从在北京时算起,刘和珍、李大钊、毕磊、柔石、殷夫……这种经历,对鲁迅人生态度的影响是深刻的,那

瞿秋白(1899~1935),中国共产党早期主要领导人之一,无产阶级革命家、理论家和宣传家,中国的革命文学事业的奠基者之一。

刘和珍(1904~1926)女,北京女子师范大学学生领袖之一,1926年"三·一八"惨案中遇难。

结果,便是"怒向刀丛",便是更加蔑视刽子手的屠刀,并随时准备也像朋辈一样"成新鬼"。抛开别的种种不计,仅仅是这些令鲁迅喜爱的友人一个接一个地被杀,也使得鲁迅与当时社会、与统治者之间结下了血海深仇。这是私仇,也是公仇,在这种时候,私仇和公仇已成为一回事。在这么多的好友被惨杀之后,不可能设想鲁迅会宽恕,会心平气和,也没有任何理由要求他这样做。有些人常爱对鲁迅的愤激说三道四,就是撇开其他一切不论,仅仅这么多亲密的友人被残杀,又怎能让人不愤激呢?如果你的一个知心朋友,昨夜还在你家里与你促膝相谈,而今天你便听说他惨遭杀害了,像毕磊一样被铁链锁住活活弄死,或者像柔石那样身中十弹,你会不愤激么?而这种事情如果在一生中多次遇上,你会不愤激么?当然,会有人不愤激,不但不愤激,还会吓得屁滚尿流,甚至精神失常,但这里说的是鲁迅。作为鲁迅,有一万条理由立下与杀人者血战到底的决心,而既然要如此,也自然便将生死置之度外了。鲁迅与当时社会、当时统治者之间的仇恨,实在是太深了,但他只能用笔来复仇,——不错,复仇!鲁迅是主张并讴歌复仇的。而要复仇,便只能选择最有力最见效的武器,在这种意义上,鲁迅选择匕首和投枪式的杂文,选择"感应的神经"和"攻守的手足"的杂文,也是十分自然的。写到这里,我想说,那些总责怪鲁迅大写杂文而不去静心营造艺术精品的人,对鲁迅实在是太不理解、太苛求了。

1933年12月27日致台静农信中,鲁迅说过这样的话:

……现状为我有生以来所未尝见,三十年来,年相若与年少于我一半者,相识之中,真已所存无几,因悲而愤,遂往往自视如轻尘……

同辈与晚辈友人的被杀,使鲁迅悲愤,而悲愤又使得他的姑活心态更加强化。"自视如轻尘",与"姑且活下去",是同一种意思。而鲁迅写这封信时，平生最情投意合的友人瞿秋白还未遇难。一年半以后，当瞿秋白的死讯传来，鲁迅的心情是可以想见的。刘和珍、李大钊、毕磊、柔石、殷夫、杨杏佛、瞿秋白，这些人都比鲁迅年少，除李大钊外，其他人几乎都可算晚辈。目睹这些年少者相继被夺去生命，鲁迅对自己的生死也就更不放在心上。写于北京的《记念刘和珍君》和写于上海的《为了忘却的记念》，属鲁迅文章中最沉痛者之列。在《记念刘和珍君》中，鲁迅写下过这样的心绪：

在四十余被害的青年之中，刘和珍君是我的学生。学生云者，我向来这样想，这样说，现在却觉得有些踌躇了，我应该对她奉献我的悲哀与尊敬。她不是"苟活到现在的我"的学生，是为了中国而死的中国的青年。

1930年，鲁迅一家和冯雪峰一家的合影。前排左起：冯雪峰、周海婴、鲁迅，后排左起：何爱玉、冯雪明、许广平。

在这里，鲁迅对自己用了"苟活"这样的字眼，并且在这句话上加了引号。面对刘和珍的尸体，鲁迅也许觉得自己已经活得太长久了。

而在写于上海时期的《为了忘却的记念》中，鲁迅用这样的文字结尾：

不是年青的为年老的写记念，而在这三十年中，却使我目睹许多青年的血，层层淤积起来，将我埋得不能呼吸，我只能用这样的笔墨，写几句文章，算是从泥土中挖一个小孔，自己延口残喘，这是怎样的世界呢……

在这里，鲁迅又对自己用了"残喘"这样的字眼。友人的死，尤其是青年友人的被杀害，一次又一次地强化着鲁迅的那种固有的姑活心态。既然这样多年轻的生命都被虐杀，一个老人，又何须惜此残生呢？这样的声音肯定一次又一次地在晚年鲁迅的心头响起。

鲁迅在上海期间，身体"日见衰弱"，疾病时时在折磨着他，死的预感常常袭来，这也容易使他产生一种姑活心理。在亲友的劝说下，鲁迅也曾想过易地休养，把身体好好调息一番，但终于未能实行者，恐怕还是姑活心理在起作用。鲁迅晚年，在与友人通信中说到自己病情时，"死"这个字常从笔端落下。例如，1936年3月8日致杨晋豪信中，说到自己的病时，写道："不过这回大约也不至于死。"又如，1936年4月5日致王冶秋信中，谈到因疲劳和受寒而骤然气喘时，说："我以为要死了，倒也坦然，但终经医师注射，逐渐安静，卧床多日，渐渐起来，而一面又得渐渐的译作……"面对死，鲁迅是坦然的，死就死吧，既然本来便怀着一种姑活的心理，对死也就并不感到畏惧。但既然终于不死，那就仍得"译作"，仍得拼杀，仍然进行一种"绝望的抗战"——其实，也就在半年多以后，鲁迅便真的"死了"。

鲁迅居沪期间，死的预感像一只乌鸦，不知什么时候就会飞到面前，哇哇地叫着。尤其是当鲁迅设想着较长远的工作计划时，这只乌鸦就必定会扑腾过来，对鲁迅做出恶毒的提醒。而在这种时候，鲁迅的心情自然会有一阵阴郁。尽管对死是坦然的，但死亡使劳作和战斗永久地终止，也总难免令人怅然。冯雪峰在《回忆鲁迅》中曾说：在上海时期，"无论怎样，病却总在威胁他。只有从这而来的一个阴影，总在向他窥视，乘他不备而侵袭他的心情。当他愉快地谈着，说他计划着什么工作的时候，有时忽然脸色会阴沉起来，一会儿不说一句话。我以为这无疑就是他不提防而意识到的那个阴影了。"人在一种显意识的姑活心态中，人受着死的预感的不断侵袭时，是真无法有大的工作计划的，而采取那种"打杂"的工作方式，也是理所当然的。在这里我又得说，那些责怪鲁迅未能制订一项大的工作计划并付诸实现的人，实在是未能设身处地地为鲁迅想一想。

1935年，当瞿秋白遇难的消息传来后，鲁迅立即着手整理出版瞿秋白的遗作，并感到握着瞿秋白的遗作，"像捏着一团火"。而鲁迅之所以如此急迫地做这件事，原因之一，恐怕也是预感到自己来日无多。如果这件事不能在生前完成，鲁迅怕真有些死不瞑目。居沪期间，鲁迅是异常寂寞的。也常与友人信中谈到这种寂寞。感受寂寞首先因为自己的思想、情感无人理解。其时上海文坛上，各种嘴脸各种心肠的人都在有意无意地误解着鲁迅，公开或隐蔽或半隐半现的敌人误解着鲁迅，也就罢了，而那种说起来是所谓同一阵营的人，也误解着鲁迅，这自然要令鲁迅深味难言的寂寞了。而与瞿秋白的友情，则也许是唯一能令鲁迅冷寂的心感到温暖的。鲁迅之所以能与瞿秋白建立超乎寻常的情谊，最重要的，便是瞿秋白对鲁迅有着深刻的理解。在当时中国，恐怕无人能在对鲁迅的理解上达到瞿秋白那样的深度。这自然使鲁迅感到莫大的欣慰。"人生得一知己足矣，斯世当以同怀视之"，——这里面蕴含着多少感谢，多少慰藉。这样的话出自鲁迅之口，又何等不易，而鲁迅居然把它写给一个年龄上是自己晚辈的人，可见与瞿秋白的友情在鲁迅心目中占有怎样的地位，同时也可以想见鲁迅晚年的心，原本是何等寂寞。

与瞿秋白的相识，虽然可以稍稍慰藉鲁迅的寂寞，但可惜好景不长。瞿秋白1932年夏秋间与鲁迅相见，1933年底便受命离沪。在上海的鲁迅，寂寞又一如从前。这种长久的、深切的寂寞，对鲁迅的人生态度也发生着影响。鲁迅晚年，数次与友人信中谈到生之无趣。例如，1935年3月23日致许寿裳信中，说自己"几于毫无生趣耳"。又如，1936年4月5日致王冶秋信中，说自己"几乎无生人之乐"。时时感到生之无趣，自然也会使姑活心态更得到加强。而这种生之无趣感，很大程度上恐怕还是驱之不去的寂寞所结的果实。

从民国成立后，鲁迅便一直不过旧历年，但在生命的最后两年，却又恢复了过旧历年的习惯。这其实颇堪玩味。1934年和1935年的春节，鲁迅都大放花炮。在《花边文学》中，收有一篇《过年》，结尾说："我不过旧历年已经二十三年了，这回却连放了三夜的花炮，使隔壁的外国人也'嘘'了起来：这却和花炮都成了我一年中仅有的高兴。"1935年春节，亦复如此。在1935年2月3日致黄源信中说："今天爆竹声好像比去年多，可见复古之盛。十多年前，我看见人家过旧历年，是反对的，现在却心平气和，觉得倒还热闹，还买了一批花炮，明夜要放了。"而在次日，亦即旧历正月初一夜致杨霁云信中，又说："今年上海爆竹声特别旺盛，足见复古之一斑。舍间是向不过年的，不问新旧，但今年却亦借口新年，烹酒煮肉，且买花炮，夜则放之，盖终年被迫被困，苦得够了，人亦何苦不暂时吃一通乎。况新生活自有有力之政府主持，我辈小百姓，大可不必凑趣，自寻枯槁之道也……"春节期间大放花炮，是借此暂时驱除内心的寂寞，使无趣的人生得到片刻的趣味。当然也不仅于此。这大放花炮，还是一种抗议，一种抒发愤懑的方式。在《过年》中，鲁迅写道："中国的可哀的纪念太多了，这照例至少应该沉默；可喜的纪念也不算少，然而又怕有'反动分子乘机捣乱'，所以大家的高兴也不能发扬。几经防遏，几经淘汰，什么佳节都被绞死，于是就觉得只有这仅存残喘的'废历'或'古历'还是自家的东西，更加可爱了。那就格外的庆贺——这是不能以'封建的余意'一句话，轻轻了事的。"国民党政府在那些年里，每当纪念日便如临大敌，严格控制纪念活动，连所谓"革命政府纪念日"也唯恐引发事端。于是，只剩下一个传统的春节，民众可以以传统的方式尽情庆贺一下。鲁迅从那几年春节花炮的响声里，听出了民众心头积压的愤怨，所以并不以"封建的余意"视之，并且也加入到这大放花炮的行列中。当鲁迅与海婴一起在阳台上同放花

1936年10月8日，鲁迅先生与青年木刻家们。左起：林夫、曹白、白危、陈烟桥。

炮时，这一老一小燃放的花炮，响声中的内涵是大不相同的。

晚年的鲁迅，正因为有一种姑活心态的驱使，所以拼命地工作着。在《且介亭杂文》的"后记"中，鲁迅算了一笔账："我从在《新青年》上写《随感录》起，到写这集子里的最末一篇止，共历十八年，单是杂感，约八十万字。后九年中的所写，比前九年多两倍；而这后九年中，近三年所写的字数，等于前六年。"愈到晚年，鲁迅工作得愈勤奋。"老牛自知夕阳短"，总想在永久的黑夜来临之前，为中国多耕一垄半垄田地。如果算上那些非杂感的文字，再加上大量的翻译作品，再算上平均每天写三四封信，晚年鲁迅平均每天写下的字数是很惊人的。再考虑到会客、访友、参加各种活动和繁琐的家事，就可想见鲁迅每天是怎样处于一种劳累之中了。在很大程度上，鲁迅是被活活累死的。在1935年1月21日致萧军、萧红信中，说到："前几天的病，也许是赶译童话的缘故，十天里译了四万多字，以现在的体力，好像不能支持了。"平均每天译四千多字，就算是一个年轻力壮者，也算难能可贵，何况其时身体已十分衰弱的鲁迅——这真有些像在"玩命"。

在上海期间，鲁迅每天写两篇以上文章的情形是相当普遍的。一个人，如果一天里写两篇内容不同的文章，共三千字，与只写一篇三千字的文章，虽然字数相同，但所费心力则大异。写两篇文章，便意味着构思两次，意味着思想在一天里要凝聚在两个不同的问题上，这会累人得多。而何况鲁迅有时一天里会写出3篇文章，甚至一天里写4篇的情形也有过。例如，在1934年5月14日这一天，写出了《读几本书》《一思而行》《推己及人》这3篇杂文，而在1934年9月25日这一天，则写出了《商贾的批评》《中秋二愿》《考场三丑》《中国人失掉自信力了吗？》这4篇文章。再看看1934年9月25日这一天的日记："昙。午后得母亲信，二十二日发。得徐懋庸信并译稿一。得烈文信，即复，并附徐氏译文，托其校定。得钦文信，即复。得耳耶信，即复。雨。"也就是说，在这一天里，鲁迅在4篇文章之外，还写了3封信。——说鲁迅是被活活累死的，真不无道理。

在1936年3月26日致曹白信中，鲁迅说道：

人生现在实在苦痛，但我们总要战取光明，即使自己遇不到，也可以留给后来的。我们这样的活下去吧。

其实，即使光明永远不来，也仍要"战取"，以一种姑活的心态去"战取"，——也就是所谓"绝望的抗战"了。

第二章 刀丛荆榛中的恶战苦斗

30年代的一天,在上海的某条街道上,鲁迅和日本友人增田涉正并肩走着。突然,鲁迅对增田涉说:"后面有个奇怪的家伙盯梢我们,你先回去,我要在这附近甩掉这条尾巴。"于是,鲁迅与增田涉分道而行。一个疾病缠身的老人,不知绕了几条街道,拐过几处街角,才把"尾巴"甩掉。——这是增田涉在《鲁迅印象记》里记叙的一件小事。而这样的事,仅鲁迅与增田涉在一起时,就有过两三次。我想,在这样的时候,鲁迅应该感谢那时上海迷宫般的道路,它毕竟有利于摆脱特务的跟踪。

从这里,也能想象出鲁迅在上海时期处于怎样的一种生存境遇。而不了解当时鲁迅的生存境遇,就不能准确全面地把握鲁迅晚年的心态,不能懂得鲁迅为什么会有那样一种精神姿态,不能理解鲁迅在政治、文学等问题上的好恶取舍。

被监视、被跟踪,走在街道上,随时都可能拥上来几个流氓将你架走,或者把一粒子弹打进你的脑袋;作为一个以笔谋生、以笔养活全家的作家,文章即使变换种种笔名,也难免被删,被禁,有时文章发表,竟被删改得面目全非,令人不知所云;而文坛上种种下流卑劣的攻击和咬牙切齿的谩骂又不绝于耳,还有恶毒的谣言此起彼伏,——想一想,这一切加在一起,让一个身体衰弱,一直与疾病抗争着的老人来承受,这老人会是怎样一种心境?

"国民党何尝不想逮捕我,杀害我"

1930年2月,鲁迅参加了"中国自由运动大同盟"。其实,鲁迅内心是并不赞成成立这种组织的,因为他深知这种斗争方式决不能持久,一成立就马上会被迫解散。在当时的情形下,鲁迅主张"散兵战"、"游击战"、"壕堑战",那种"大兵团"的作战方式,只能造成一种虚幻的声势,收不到多少实效,却要付出血的代价。在1930年3月21日致章廷谦信中,他说:"自由运动大同盟,确有这个东西,也列有我的名字……近来且往学校的文艺团体演说几回,关于文学的。我本不知'运动'的人,所以凡所讲演,多与该同盟格格不入,然而有些人已以为大出风头,有些人则以为十分可恶,谣诼谤骂,又复纷纭起来。"从这里可以看出,鲁迅对"自由运动大同盟"这种方式,并不怎样热心。在看待和分析中国社会问题上,鲁迅有自己的思想观念;在怎样斗争的问题上,鲁迅也有自己独特的方式方法。鲁迅不会轻易取消自我而完全投身于任何一种组织、一种"运动",但只要这种组织这种"运动"的主旨是基本合理的，是反抗社会黑暗促进社会进步的，他还是愿助一臂之力的。对"自由运动大同盟"，他当时也是持这种态度。然而，当"自由运动大同盟"成立的消息在报端发布时，鲁迅竟被列于发起人之首。于是，国民党的浙江省党部呈请南京政府通缉"堕落文人鲁迅"。其时在浙江省党部主其事的许绍棣，是复旦大学毕业生。鲁迅初到上海时，主编《语丝》，刊登过一篇指责复旦校政腐败的来稿，反响不小，惹恼了一些人，许绍棣便是其中之一。所以，他这次借"自由运动大同盟"的名目通缉鲁迅，也有挟嫌报复的意味。鲁迅虽然对"自由运动大同盟"并不十分热心，但当因此而被通缉时，却毅然认下这项"罪名"，不作半句申辩。他曾对老友许寿裳说："浙江省党部颇有我的熟人，他们倘来问我一声，我可以告知原委。今竟突然出此手段，那么我用硬功对付，决不声明，就算由我发起好了……"

有些事情，颇能见出一个人的品格。对于"自由运动大同盟"，鲁迅初衷虽然并不怎样赞成，但当遭国民党通缉的后果落到头上时，却决不退缩。这与那种开始时十分起劲热心，一遇危险，便立即不见人影者相比，人品的高下便显现出来。在"中国民权保障同盟"一事上，鲁迅后来便与林语堂形成一种对照。林语堂本是"民权保障同盟"的发起人之一，鲁迅则是后来应邀加入的。但当"民权保障同盟"的总干事杨杏佛被暗杀时，鲁迅冒雨去为杨杏佛送殓。因为国民党传出风声，说要在杨入殓这一天，再杀害蔡元培、鲁迅等人，鲁迅去送殓时便连家门钥匙都不带。而林语堂作为"同盟"的发起人和执行委员，当杨杏佛一倒下，他便要求立即解散"同盟"，在杨杏佛入殓那一天，更是吓得不敢露面。鲁迅送殓回来后，以不屑的口气说到了林语堂："这种时候就看出人来了，林语堂就没有去；其实，他去送殓又有什么危险！"

其实，国民党当局之所以对鲁迅怨恨有加，主要倒并非因为他名列于这样那样的组织，参加这样那样的活动，而在于他的那些匕首和投枪

1932年，上海，中国民权保障同盟部分成员合影。右起：黎沛华、史沫特莱、宋庆龄、鲁迅、林语堂。

1933年1月，鲁迅（右）与民权保障同盟会员杨杏佛（中立者）在上海的合影。

林语堂（1895～1976），福建龙溪人，原名和乐，后改玉堂，又改语堂。现代作家、学者、翻译家、语言学家。

般的文章。政治迫害，使鲁迅在30年代的上海，过着一种半地下式的生活，一举手一投足都要分外小心。因为信件会被拆检，鲁迅致友人的信常由许广平代写信面，甚至信函也由许广平抄写一遍。信中的措辞都要细加斟酌，有时简直像说暗语。柔石等人被捕后，鲁迅避居在外，而谣言四起，或云鲁迅也已被捕，或说已被杀害。鲁迅不得不一一给亲友去信澄清。避居第二天，他给许寿裳写了这样一封信：

李籨吾兄左右：昨至宝隆医院看索士兄病则已不在院中。据云大约改入别一医院而不知其名，拟访其弟询之，当知详细但尚未暇也。近日浙江亲友有传其病笃或已死者，恐即因出院之故，恐兄亦闻此讹言为之黯然：故特此奉白，此布即请道安。

弟 令斐顿首
一月二十一日

这里的"索士"、"令斐"都是鲁迅曾用过的名字，为老友许寿裳所知，接信后即知鲁迅平安。

又因为出门总可能被盯梢，所以鲁迅走在外面，亦须时时回顾。尤其从外面回寓所时，一定要在途中把"尾巴"甩掉。据许广平回忆，每次两人一起上街，鲁迅总要许广平走在对面马路上，为的是万一自己遭不测，许广平可以脱身。

与朋友会面，也像是一种秘密接头。萧红回忆说，她和萧军刚到上海，便给鲁迅去信，请求见面，鲁迅回信叫不要着急，因为暂时还不能相见。一个月以后，鲁迅才约萧军、萧红在一家小咖啡馆会面。而分手时，都不敢同时离去，直到鲁迅和许广平离开后一个小时，萧军、萧红才走出咖啡馆。

萧红与萧军合影。

鲁迅平时在家，甚至连门窗都不轻易靠近。1931年的时候，增田涉每天下午到鲁迅住所听他讲《中国小说史略》。据增田涉回忆，鲁迅从不在唯一的一扇朝街的窗口前露面，总要坐在离窗口两三尺的地方。但就是在这样的情形下，鲁迅仍然坚持作文，揭露和抨击社会黑暗。

一个作家，一个老人，连写信都要顾忌重重，连上街都要瞻前顾后，连与朋友相会都不自由，甚至连窗口都不能靠近，这是一种怎样的处境，而晚年的鲁迅，便生活在这样的处境里。在上海时期，鲁迅在政治上不仅仅要对付国民党的压迫，还要应付其他政治力量的纠缠。

当时的上海，本就是各种政治力量共存之地，各种政治力量都想在上海站稳脚跟，制造声势。而由于鲁迅的崇高声望，各种政治力量又都想拉拢鲁迅，利用他的影响为自己的目的服务。例如，在上海时期，曾经有过一个自称仰慕鲁迅的青年,多次找到鲁迅门上,宣传他的无政府主义思想,鲁迅虽报以冷遇,甚至飨以闭门羹,他却仍然纠缠不休,最后一次,鲁迅盛怒地跺着脚,令他"滚出去"。

增田涉在《鲁迅印象记》里,还写到这样一件事:

在我的脑子里,"战斗的鲁迅"的印象是很强的。其中有一次,直到如今,还给我留下特别鲜明的印象。他,许夫人和我三人去参观绘画展览会,归途中,在一个车站上等公共汽车,同样地为了等公共汽车,在车站的近处走来了一个男人;这个男人,很像是他以前相识似的,讲了些什么话。这是个相貌凶恶的男人,讲话的调子很阴险。倏忽之间,鲁迅的周围,已经被这个男人的同伙的,或是他的几个手下人的,同样是脸孔凶恶的年轻人包围了。鲁迅和对手的讲话调子渐渐高了,险恶了。我想,怎么回事呢?内心凛凛的,从旁注视着。那个时候的他的姿势,如今还浮在我的眼前似的。仿佛是迅速地严峻地愤愤地要讲些什么,却要讲的已经讲完了似的,急遽地沉默了,挺着胸,张开两足,傲然地站立着,掉转头,显出无视对手的态度。不一会儿,公共汽车来了,这些男人们都乘了汽车走了。但是他故意就那个样子暂时站在那儿,像等待下一次公共汽车似的。实在是避开公共汽车,改乘电车,而且在中途下了车,带我走进酒吧间去了,故意长时间的呆在那儿。他说,这是为了摆脱刚才的那些家伙们。在酒吧间里,他一边喝着啤酒,一边对我说:那个男子说,政府迫害我是不好的。我说,政府有政府的想法吧,那是没有办法的。那个男人是个政治上的无赖,听说在广东接受过苏联的十万元,现在已成为右翼分子,在政府方面工作了。他是来探听我的态度似的。他被这个相貌凶恶的男人和几个手下的包围着,却傲然站立着的姿势,给我的印象是:他不只是小说家和杂文家,而且是深广意义上的革命家,加深了我对战斗的鲁迅的铭感。

这傲然站立着的姿态，也确实是一种典型的"鲁迅姿态"。但从这一点也可看出，鲁迅在上海期间，不但要傲然站立着，反击文坛流氓的围攻，还要以这种姿态，反击政坛流氓的纠缠。

据冯雪峰回忆，在上海期间，鲁迅曾与李立三有过一次会面。时间是1930年5月7日晚间，地点在当时上海西藏路的爵禄饭店。李立三约请鲁迅谈话的目的，是希望鲁迅公开发表一篇宣言，表示拥护当时"立三路线"的各项政治主张，李立三在谈话中提到法国作家巴比塞，因为巴比塞不久前发表过一篇"告知识阶级"一类的宣言，所以他希望鲁迅向巴比塞学习。李立三的那一套，与鲁迅向来所主张的"壕堑战"、"散兵战"、"持久战"是颇不相合的，对于那种"赤膊上阵"式的斗争方式，鲁迅从来便是反对的，于是鲁迅理所当然地回绝了他。鲁迅回来后说："我们两个人各人谈各人的。要我像巴比塞那样发表一个宣言，那是容易的；但那样一来，我就很难在中国活动，只得到外国去住起来做'寓公'，个人倒是舒服的，但对中国革命有什么益处！我留在中国，还能打一两枪，继续战斗。"

在上海期间，鲁迅不仅要提防国民党的硬刀子，还要提防其他政治力量的软刀子。在如此错综复杂的情形中，要时刻保持清醒的头脑，这有多么不容易。稍一不慎，便会被卑劣的家伙利用，便会使自己身败名裂，陷入跳到黄河也洗不清的境地。

国民党对于鲁迅，其实也是软硬兼施的。增田涉回忆说，在他出入鲁迅寓所期间，当时的国民党行政院长曾派人到鲁迅为躲避通缉而隐居的地方去，传达想会见鲁迅的意思，被鲁迅拒绝了。1936年5月至7月间，抗日救亡运动风起云涌，而鲁迅也正重病卧床。这时，鲁迅在北京时期结识的青年朋友、其时已是国民党军队中高官的李秉中，数次致函鲁迅，表示可以在南京设法取消对鲁迅的通缉，7月13日的信写道："关于吾师之自由一事，中（引按李自称）唯之数年矣！唯恐或有玷于吾师尊严之清操，是以不敢妄启齿。近唯吾师齿德日增，衰病荐至，太师母远在北平，互唯思慕，长此形同禁锢，自多不便。若吾师同意解除通缉，一切手续，中当任之，绝不敢有损吾师毫末之尊严。成效如何，虽不敢预必，想不致无结果，不识师意若何，伏乞训示。东行已有期否？吾师病中，本不敢屡渎，切望师母代作复示，曷胜伫盼！"信中特意问及"东行"一事，且信笺用的是"国民政府军事委员会用笺"，说明是受当局指使的。只要鲁迅愿意离开中国，不再跟他们"捣乱"，国民党当局大概是什么条件都可以答应的。但鲁迅断然回绝了。

　　对鲁迅，国民党当局真可谓头痛至极。想除掉，又不敢；劝他离开中国，也不能得逞。于是，便只好用种种手段，禁绝他的声音了。据李霁野在《回忆鲁迅先生》中说，鲁迅1932年最后一次回北京时，朋友们都为他的安危担心，鲁迅回答说："危险自然是有的，作战那里有万全的事？国民党何尝不想逮捕我，杀害我，不过在下手之前，他们是要考虑后果的，他们愿意杀人如麻不闻声，但这个如意算盘在我身上不容易打。他们因此就另想毒招：把我的声音闷死，使我成为活尸。不过他们是办不到的。"

　　上海时期的鲁迅，在自己的生死问题上，与国民党算过一笔账。鲁迅觉得，自己已年过五十，即使被国民党杀害，也不算短寿，而国民党却要承担很严重的后果，因此，即使死在国民党暗杀的枪口下，也是值得的。这种想法，也是使得鲁迅即使在最严峻的情形下，也敢于坚持战斗的原因之一。而国民党当然也不会不算这笔账。既然跟踪、恐吓、通缉等种种威慑手段都不能奏效，鲁迅那些匕首和投枪般的文字始终在如磐的夜色中频频闪光，那么，便只能想办法让鲁迅无法发出声音，至少无法发出想发的声音。于是，鲁迅的文章每每被删改或干脆被禁止，著作也被禁止发行。实际上，对于鲁迅的文章，他们并不只看谈的是什么，只要嗅出是鲁迅所作，便想法禁止。这样做，一方面是想把鲁迅的声音彻底扼杀，让他在中国虽生犹死，同时，也想以此手段，逼得鲁迅无法生存，因为在生命的最后几年，鲁迅是完全靠稿费维持生活的，文章不能发表，著作不能发行，便无以为生。为了不让检察机关看出作者是谁，鲁迅不得不频繁地更换笔名，往往一个笔名不能用上三回。

那时国民党的检察官，不但删掉文章中揭露黑暗统治的内容，并且排印时被删处还不许留空白，要将前后硬接起来，至于前言不搭后语的责任，只好由作者去负。有时还会莫名其妙地给你加上几句，把他的"思想"强加到你名下。在《花边文学》的"序言"中，鲁迅写道："我曾经和几个朋友闲谈。一个朋友说：现在的文章，是不会有骨气的了，譬如向一种日报上的副刊上去投稿罢，副刊编辑先抽去几根骨头，总编辑又抽去几根骨头，检察官又抽去几根骨头，剩下来还有什么呢？我说：我是自己先抽去了几根骨头的，否则，连'剩下来'的也不剩。所以，那时发表的文字，有被抽四次的可能，——现在有些人不在拼命表彰文天祥方孝孺么，幸而他们是宋明人，如果活到现在，他们的言行是谁也无从知道的。"在国民党想要把鲁迅的声音"闷死"、使他成为"活尸"的"毒招"下，鲁迅首先要做到的，是继续发出声音，并且这声音还要尽可能让他们感到刺耳。不过，为了做到这一点，便不得不每作一文，都考虑怎样把话说得更委婉更巧妙，既把意思传达出来，又让检察机关抓不住把柄。这样，也就难免要故作冷静，要绕着弯说话，要旁敲侧击，"指桑骂槐"。——而鲁迅所谓的"自己先抽去了几根骨头"，也就是在这种意义上说的。鲁迅常用的一种手法，是借古讽今，尤其是借谈明末史实来讽刺当时的种种社会和文化现象。鲁迅晚年，感到当时的种种社会现象、文人行径与明末时都非常相像，于是，便经常谈到明末，句句是在说历史，却又句句是在说现实。不过，不能直接针砭现实，终使鲁迅觉得不快，这也常常影响他的心绪。

文网本来古已有之。但一个时代的文网，自有它的一套规则，明白了这套规则，文人也就懂得怎样"钻网"。而在30年代国民党统治下的上海，文网却往往毫无规则可言，这也就使得"钻网"异常艰难。一些并不带政治色彩的语句也会被删，一些并不具有政治意味的文章也会被禁，令人简直无所适从。

鲁迅在《且介亭杂文》的"附记"中，集中对一些文章被删、被禁的情况作了说明：

《门外文谈》刊出时，第一节被删去了末一行，第十节开头被删去了二百余字，令人有些莫名其妙。

《不知肉味和不知水味》刊出时后半篇都不见，以至于有人看了文章后问鲁迅："你在说什么呀？"

《中国人失掉自信力了吗》刊出时凡是对于求神拜佛略有不敬之处，都被删。

《脸谱臆测》则被禁止发表。

《病后杂谈》本有5段，待到刊出时，只有第一段，后面五分之四都被删，以至于有人读了后说道："鲁迅是赞成生病的。"

最不可思议的是《阿金》的遭遇。通篇文章，是写一个里弄女工的，可以说与"党国大事"全不相干，但非但不准发表，还送到"南京中央宣传会里去了"。

对于这种"删禁得令人莫名其妙"的现象，鲁迅后来找到了答案。在《且介亭杂文二集》的"后记"里，针对这种现象，他说："我以为这大概是在示威，示威的脾气，是虽是文学家也很难脱体的，而且这也不算是恶德。还有一个原因，则恐怕是在饭碗。要吃饭也决不能算是恶德，但吃饭，审查的文学家和被审查的文学家却一样的艰难，他们也有竞争者，在看漏洞，一不小心便会被抢去了饭碗，所以必须常有成绩，就是不断的禁，删，禁，删，第三个禁，删。"就是说，审查员往往是为禁删而禁删，为显示工作成绩而禁删，为保住饭碗而禁删，这当然也就会禁删得令人莫名其妙了。在这样的"文网"面前，再高明的"钻网术"，也会无济于事。

在这样一种"禁，删，禁，删"之下，鲁迅手中的那枝"金不换"该有多么沉重。

"骂鲁迅是'公事'"

说到鲁迅,许多人都有一种印象,即他喜欢"骂人",且"骂"起人来很尖刻,很不留情面。这其实是一种只知其一不知其二的看法。如果我们知道鲁迅当年是怎样被攻击谩骂,知道对手们在诋毁、攻击鲁迅时是怎样使用种种下流卑劣的手段,就会看出鲁迅即使在"骂人"时也是有理有节的。尤其在上海十年,鲁迅一直处于文坛的明枪暗箭之下,其实算得上是一个"被侮辱与被损害者",是一个饱受欺凌者。鲁迅说过,自己并没有私敌,他的敌人是社会的黑暗,是黑暗社会的统治者。因此,一切愿与社会的黑暗抗争,愿为社会的光明和进步而战斗,敢于与反动统治者为敌的个人或组织,鲁迅都愿与他们携起手来,并肩作战。但问题是,一些所谓"同一营垒"的"战友",也常常要明里暗里、有意无意地朝鲁迅捅上一刀半刀。这对鲁迅的伤害尤其大。鲁迅曾说,为防备背后射来的子弹,自己只得"横站"。这"横站"二字里,包含着多少内心的酸楚,让人品出多少悲愤和悲凉。一方面,在日常生活中，要处处小心谨慎，连写信、走路、与友人相聚，都得用尽心思防范。另一方面，著作不能发行，文章也被"禁，删，禁，删"，与此同时，文坛上却又枪林弹雨不断袭来，在这种情形下，鲁迅在反击时即使下手狠一点，不也是理所当然的么？文坛上围剿、攻击鲁迅者，有些人其实正是官方的叭儿，他们围剿鲁迅的文字，可以畅通无阻，而鲁迅反击他们的文字，则难免被禁被删。这其实也就是要按住鲁迅的手脚，让一帮流氓无赖来任意拳打脚踢，来乱吐浓痰乱喷狗血乱扔垃圾。

1930年，年已半百（50岁）的鲁迅与一岁的爱子周海婴的合影。

但即使在这种处境中，鲁迅也从未愤怒得失去理智，从未像对手一样毫不讲理地破口大骂，这是相当难能可贵的了。我们现在读鲁迅全集，所谓"骂人文章"确实不少，但没有一篇是在撒泼，耍赖，是恶棍斗嘴、泼妇骂街，间或有些文字很尖锐刻毒，但文章的基调却总在讲理。有谁能从鲁迅全集里找出一篇恶棍斗嘴、泼妇骂街般的文章吗？

更何况后来嘲骂鲁迅者，有的正是先前利用过鲁迅的人。先前把鲁迅当做踏脚的梯子，待到登上了想去的高处，便转过身朝鲁迅吐口水。也有些人，有些组织和团体，要利用鲁迅来撑门面，造声势，但在利用的过程中，稍不如意，便怨恨有加，以至于拳打脚踢。在1930年3月27日致章廷谦信中，鲁迅曾说："梯子之论，是极确的，对于此一节，我也曾熟虑，倘使后起诸公，真能由此爬得较高，则我之被踏，又何足惜。中国之可作梯子者，其实除我之外，也无几了。所以我十年以来，帮未名社，帮狂飙社，帮朝花社，而无不或失败，或受欺，但愿有英俊出于中国之心，终于未死，所以此次又应青年之请，除自由同盟外，又加入左翼作家联盟，于会场中，一览了荟萃于上海的革命作家，然而以我看来，皆茄花色，于是不佞势又不得不有作梯子之险，但还怕他们尚未必能爬梯子也。哀哉！"只要对方初衷是好的，只要他们意在反抗黑暗战取光明，即使明白自己是在被利用，即使知道自己被利用后便会被抛弃，被鄙夷，鲁迅也在所不辞。个人的恩怨得失，鲁迅并不放在心上。有人指责鲁迅心胸狭窄，实在是因为不明真相不解实情。在这封致章廷谦的信中，鲁迅又写到："果然，有几种报章，又对我大施攻击，自然是人身攻击，和前两年'革命文学家'攻击我之方法并同，不过这回是'罪孽深重，祸延'孩子，计海婴生后只半岁，而南北报章，加以嘲骂者已有六七次了。如此敌人，不足介意，所以我仍要从事译作……"鲁迅晚年得子，对海婴不用说是疼爱的，但海婴一生下来便遭嘲骂，可见这些嘲骂者是怎样的无聊和无耻，下作和下流，这搁在谁身上，都会动怒的，但鲁迅却并不介意。这一方面说明，鲁迅受到的各种各样卑劣的攻击谩骂已多，心灵有些"麻痹"了，有些见怪不怪了，另一方面，不也说明鲁迅的"大度"吗？鲁迅远非那种睚眦必报的人。

在上述这封信中，鲁迅提到了前两年"革命文学家"对他的攻击，也就是"创造社"一群青年人在他刚踏上上海滩时对他的围剿。这次围剿，令鲁迅猝不及防，在某种意义上，对鲁迅的伤害也特别大，它对鲁迅晚年心态有着明显的影响。

鲁迅是被国民党的"清党"弄得目瞪口呆才离开广州的。对于那些屠杀"革命青年"的刽子手，鲁迅是充满憎恶的。而标榜"革命文学"的创造社，鲁迅本是把他们视做一种进步、革命的力量的。还在厦门的时候，他在给许广平写信时，就表示到广州后，要"与创造社联合起来，造一条战线"，共同向社会的黑暗发起攻击。他到广州后，虽未能与创造社领袖郭沫若谋面，但与创造社之间并无龃龉，在1927年9月25日致李霁野信中，他还说："创造社和我们，现在感情似乎很好。他们在南方颇受迫压了，可哀。"国民党"清党"后，创造社的一些成员，先后从广东等地来到上海。鲁迅到达上海后，创造社的郑伯奇、蒋光慈、段可情三人，还在郭沫若首肯下，于1927年11月9日主动拜访了鲁迅，提议要和鲁迅合办一个刊物，鲁迅也欣然同意。然而，意想不到的是，1928年1月，上海出版的创造社刊物《文化批判》上，发表了冯乃超的《艺术与社会生活》一文，开始了对鲁迅的攻击。紧接着，李初梨发表了《怎样地建设革命文学》，成仿吾发表了《从文学革命到革命文学》，郭沫若发表了《文艺战线上的封建余孽》，钱杏邨发表了《死去了的阿Q时代》等，对鲁迅进行狂轰滥炸。叶灵凤还在杂志上画了一幅讽刺鲁迅的漫画，在说明中写道："鲁迅先生，阴阳脸的老人，挂着他以往的战绩，躲在酒缸后面，挥着他的'艺术的武器'，在抵御着纷然而来的外侮。"

创造社的围剿，令鲁迅感到的失望是双重的。孤独的鲁迅本来以为对方可以成为战友，本来希望着能与他们携手作战，而且这种携手也的确已经开始，但一夜之间，却被他们视做十恶不赦的"敌人"！而更令鲁迅惊讶的是，自己居然被他们称做时代的绊脚石，称做阻碍社会前进的拦路虎。对社会的黑暗，没有谁比鲁迅感受更深切；对光明的到来，也没有谁比鲁迅的期望更殷切。鲁迅怀着对国民党的满腔愤怒踏上上海滩，"惊魂甫定"，却被创造社的一批年轻人宣判为"反革命"，应该扫进历史的垃圾堆。——鲁迅感受到一种全新的伤害和全新的挑战。

冯乃超在《艺术与社会生活》一文中写道：

鲁迅这位老先生——若许我用文学的表现——是常从幽暗的酒家的楼头，醉眼陶然地眺望窗外的人生。世人称许他的好处，只是圆熟的手法一点，然而，他常追怀过去的昔日，追悼没落的封建情绪，结局反映的只是社会变革期中落伍者的悲哀，无聊赖地跟他弟弟说几句人道主义的美丽的说话。隐遁主义！好在他不效 L. ToLstoy。

成仿吾在《毕竟是"醉眼陶然"罢了》一文中，写道：

我们中国的堂·吉诃德（引暗指鲁迅），不仅害了神经错乱与夸大妄想诸症，而且同时还在"醉眼陶然"；不仅见了风车要疑为鬼神，而且同时自己跌坐在虚构的神殿之上，在作鬼神而沉入恍惚的境地。

……

对于我们的堂鲁迅，我希望他快快把自己虚构的神殿粉碎，把自己从朦胧与对于时代的无知中解放出来，而早一点悔改——他的悔改。同 Don Quixote 一样，是可能的。传闻他近来颇购读社会科学书籍，"但即刻又有一点小问题"：他是真要做一个社会科学的忠实的学徒吗？还是只涂抹色彩，粉饰自己的没落呢？这后一条路是掩耳盗铃式的行为。是更深不可救药的没落。

回到这《"醉眼"中的朦胧》，我们的英勇的骑士纵然唱得很起劲，但是，它究竟暴露了些什么呢？暴露了自己的朦胧与无知，暴露了知识阶级的厚颜，暴露了人道主义的丑恶罢了。

在创造社围攻鲁迅的文章中，郭沫若的《文艺战线上的封建余孽》一文，最具火药味：

他是资本主义以前的一个封建余孽。
资本主义对于社会主义是反革命，封建余孽对于社会主义是二重的反革命。

鲁迅是二重性的反革命的人物。

以前说鲁迅是新旧过渡期的游移分子。说他是人道主义者，这完全错了。

他是一位不得志的Fascist（法西斯谛）！

在创造社如此刀剑齐鸣地向鲁迅杀来时，鲁迅是孤

1933年9月13日，上海，鲁迅全家合影。

身一人，而他们是一个群体；鲁迅是一个身体虚弱的老人，而他们是一些精力旺盛、血气方刚的青年。你去看一看鲁迅回击他们的文章——《"醉眼"中的朦胧》《我的态度气量和年纪》《上海文艺之一瞥》等——虽然也会顺便讽刺挖苦一下，但仍然是在一条一条地讲着道理的。这些文章，直到今天，也仍有警示意义。值得一提的是，后来当创造社成员态度转变，意识到应该"团结"鲁迅时，鲁迅也摒弃前嫌，与他们并肩作战了。因为鲁迅明白，创造社虽然思想幼稚，观点错误，但出发点与那种粉饰现实者，与那种站在统治阶级立场上对他攻击者毕竟不同，他们毕竟是要改造社会，毕竟是要促使社会进步的。——仅此一点，就足以使鲁迅原谅他们了。

在1936年5月23日致曹靖华信中，鲁迅写道："上海的所谓'文学家'，真是不成样子，只会玩小花样，不知其他。我真想做一篇文章，至少五六万字，把历来所受的闷气，都说出来了，这其实也是留给将来的一点遗产。"可惜鲁迅不曾写，否则，将会为研究中国现代文学史提供一种宝贵的资料，同时，后人对他的误解也该会少些。在上海十年，鲁迅一直处于文坛上各种人物的攻击谩骂之中。这里再举一个例子。在

1933年9月上海《新时代》杂志5期3卷上，"民族主义文学"的支持者邵冠华发表了《鲁迅的狂吠》一文，其中说：

当鲁迅先生有兴趣谩骂人家的时候，他最喜欢派人家算是××主义——虽则人家绝对不是××主义——而加以重大的攻击，甚至把艺术家的"宣传品"当做"艺术品"，派人做××主义之后，再加以攻击，于是鲁迅先生自以为是胜利了。我似乎看到了一个露出黄牙的笑的影子。

但是，鲁迅先生的谩骂是有什么意识呢？读者们仅能感到一些滑稽罢！

然而，他的滑稽是狂暴的，我不得不说他是在狂吠！

鲁迅在《南腔北调集》里的《谩与》一文中，回击了邵冠华，虽然回击得有力量，但那种人身攻击的文字却没有，把邵文与鲁迅文章对照一下，你就能看出文品和人品的高下，也就能看出鲁迅是怎样的不喜欢骂人。

在上海时期，鲁迅还常常"代人受过"。有些文章，并不出自鲁迅之手，但只要触及了社会黑暗，或碰痛了叭儿们的头脚，也会被当做鲁迅的文章，而对鲁迅大加讨伐。据唐弢在《回忆·书简·散记》中回忆，有一次他的文章，连累得鲁迅受骂，他向鲁迅表示歉意，鲁迅却和善地安慰他："那不相干！他们总归要骂的。骂鲁迅是'公事'，不骂就会失业。让他们骂吧！有的是私怨，也有骂着玩玩的，骂得好，我看。"

在当时的上海文坛，的确有一群人，把骂鲁迅当做一种职业，一种"公事"，例如那个化名陈代的林微音，就曾一口气写了20篇骂鲁迅的文章，不能不让人"佩服"。既然鲁迅深招当权者嫉恨，深受文坛上一些人的厌恶，那么，骂鲁迅便是有利可图的，藉此或许便足以在上海滩立足，也就自然会有人把骂鲁迅当成一种生意、一项事业来做了。

鲁迅生前，曾多次提到，想把历年来攻击谩骂他的文章集成一册。在《三闲集》的"序言"中，他就说："我想另外搜集也是'杂感'一流的作品，编成一本，谓之《围剿集》。如果和我的一本对比起来，不但可以增加读者的趣味，也更能明白别面的，即阴面的战法的五花八门。"1934年5月15日在致杨霁云信中，也说："集一部《围剿十年》，加以考证：一、作者的真姓名和变化史；二、其文章的策略和用意……，大约于后来的读者，也许不无益处。但恐怕也不多，因为自己或同时人，较知底细，所以容易了然，后人则未曾身历其境，即如隔靴搔痒。譬如小孩，未曾被火所灼，你若告诉他火灼是怎样的感觉，他到底莫名其妙。我有时也和外国人谈起，在中国不久的，大约不相信天地间会有这等事，他们以为是在听《天方夜谭》，所以应否编印，竟也未能决定。"的确，不是身临其境，身受其害者，不可能体味到那种乱箭射来、乱棍打来的感觉。不过，将那些"阴面战法"的文章汇集起来，让后人与鲁迅文章对照着读读，毕竟可以让人多知道一点真相。这样的工作，近年已有人做了。孙郁先生主编的《被亵渎的鲁迅》和陈漱渝先生主编的《一个都不宽恕》，都收录了部分攻击鲁迅的文字和鲁迅对之的回击，前书1995年10月由群言出版社出版，后书1996年11月由中国文联出版公司出版。对于消除人们在鲁迅"骂人"问题上的误解，两书都很有作用。

"杀人不见血的武器"

在《朝花夕拾》中的《琐记》里，鲁迅写到过一个衍太太。在父亲故世之后，有一次，少年的鲁迅到衍太太家去谈闲天，衍太太竟唆使鲁迅去偷母亲的首饰变卖，鲁迅说母亲没有首饰，她便叫鲁迅到角角落落里去搜寻，说是总可以寻出一点珠子一类的东西。鲁迅对她的话很反感，便不到她那里去了。但此后不到一月，便有一种流言传开，说是鲁迅偷了家里的东西出去变卖了。这流言如泼向鲁迅的一盆冷水，令鲁迅那颗少年的心凉透了。涉世未深的鲁迅，像真的做了什么见不得人的事似的，不敢见人，不敢与他人的目光对视。知道他心中委屈的母亲，对他表示出怜爱，这也使他感到分外难受。于是，他决定去"寻别一类的人们去，去寻为S城的人所诟病的人们，无论其为畜生或魔鬼。"

流言，竟是逼得鲁迅"走异路，逃异地"的直接原因。但他并没有寻到"别一类的人们"，因为流言几乎终生都像影子一般地跟着他。一直到死，鲁迅都受到流言的伤害，尤其在上海十年，各种各样的流言，

20世纪初期，鲁迅（左三）与俄国盲诗人爱罗先珂（右二）等人合影。

1922年5月，鲁迅（前右三）、俄国盲诗人爱罗先珂（前右四）与世界语学会同人合影。

如夏日的蚊蝇一般包围着他，甚至直到死后，甚至直到今天，关于他的谣言仍然像血污一般附在一些扯淡的舌和无聊的唇上。

从鲁迅投身新文化运动之日起，报章和口传的关于鲁迅的谣言就从未停歇。造谣可以混淆视听，丑化你在公众心目中的形象。造谣还是一种告密手段，虽然所告之密是捏造的，但仍能引起有关方面的警惕，对你的行动造成不利。虽然"谣言止于智者"，但这样的智者毕竟不多。即便是你的亲朋好友，在数次闻知关于你的谣言时，有时也会将信将疑。

1925年10月26日，段祺瑞政府在北京召开所谓"关税特别会议"，企图在不平等条约的基础上，与列强达成新的关税协定。会议开幕当日，北京各学校和团体举行抗议游行，遭警察阻止、殴打，而鲁迅那天正好生病卧床，但次日，数家报纸却大肆造谣，说鲁迅在游行中门牙被打落两个。第二天，鲁迅到任教的黎明中学去上课时，就有二十几个学生以为鲁迅必定请病假，所以不来上课，朋友们更是来函来访，甚至有人到医院去探望，引起一场不大不小的风波。鲁迅在《从胡须说到牙齿》一文中，记叙了这件事。在北京时期，鲁迅"汉奸"的"罪名"便已落下。爱罗先珂从中国到德国后，说了些中国的黑暗和北洋军阀的腐败，于是报上便造谣，说鲁迅授意爱罗先珂如此宣传，而鲁迅之所以这样做，"则因为女人是日本人，所以给日本人出力云云"。

上海时期，关于鲁迅的谣言，则更是千奇百怪。一会儿说鲁迅身患险症，一会儿又说被捕被杀；时而说鲁迅已回北京做教授，时而又说鲁迅逃到了青岛、香港或国外。这往往给鲁迅带来一些实际的麻烦。柔石等人被捕后，盛传鲁迅也被捕，亲友自不免恐慌，于是鲁迅便只得写信一一澄清。1931年2月4日致李秉中信中，鲁迅写道："上月中旬，此间捕青年数十人，其中之一，是我之学生。（或云有一人自言姓鲁）飞短流长之徒，因盛传我已被捕。通讯社员发电全国，小报记者盛造谰言，或载我之罪状，或叙我之住址，意在讽喻当局，加以搜捕……而沪上人心，往往幸灾乐祸。冀人之危，以为谈助……文人一摇笔，用力甚微，而于我之害则甚大。老母饮泣，挚友惊心。十日以来，几于日以发缄更正为事，亦可悲矣。今幸无事，可释远念。然而三告投杼，贤母生疑。千夫所指，无疾而死。生丁今世，正不知来日如何耳。"

1934年3月10日《大公报》"文化情报"栏刊出这样一则消息："据本月初日本《盛京时报》上海通讯，谓蛰居上海之鲁迅氏，在客观环境中无发表著述自由，近又忽患脑病，时时作痛，并感到一种不适。经延医证实，确系脑病，为重性脑膜炎。当时医生嘱鲁'十年'不准用脑从事著作，意即停笔十年，否则脑子绝对不能用，完全无治云。"于是鲁迅又只得写信给朋友和母亲更正，例如，致台静农的更正信是一首诗："横眉岂夺蛾眉冶，不料仍违众女心。诅咒而今翻异样，无如臣脑故如冰。"

我不知道是否有人研究过造谣的心理机制。造谣有时固然是"说着玩玩"，但有时，则是内心隐秘愿望的流露。当嫉恨某人，却又扳不倒时，人们便会在下意识里渴望对方自行倒霉，幻想着对方铸成某种大错，落入某种窘境，甚至遭遇天灾人祸。而这种内心的想望，在某个场合，便会冲口说出来。有了第一次的说出之后，再说便容易了。第一次说出时，也许还有点犹犹豫豫，但以后便会愈说愈顺。说着说着，竟会连自己也有些相信起来。所以，"谎言说上一千遍便成为真理"，不仅在听者那里如此，在说者那里也如此。

鲁迅在上海时期，所受的最恶毒的谣言，是说他拿卢布和拿日元了。这种谣言是含着险恶的杀机的。造这种谣言，有时是在报章上指名道姓地说得煞有介事，有时则用所谓小说的方式含沙射影。而相形之下，后者往往更卑劣阴险。鲁迅在1933年所写的《归厚》一文中说："我就是常看造谣专门杂志之一人，但看的并不是谣言，而是谣言作

1930年8月6日，上海，"左联"成员于功德林菜馆召开"漫谈会"后合影。前排左三是鲁迅。

家的手段，看他有怎样出奇的幻想，怎样别致的描写，怎样险恶的构陷，怎样躲闪的原形。"而这类造谣文章的幻想之奇特，描写之"别致"，构陷之"险恶"，往往是你事前无论如何也想象不到的。这里也举一个例子。

在1934年5月15日南京出版的《时事新报》上，登出了一篇题为《一个普罗文学家》的所谓"小说"，作者署名"也文"。"小说"的主人公李适，一看便知道是在影射鲁迅，李适在"左联"成立大会上的演说，也大段引用了鲁迅《对于左翼作家联盟的意见》。下面将这"小说"抄几段：

是的，的确应该把趋向改变一下了，在这革命的怒潮高涌的时候，一班青年们喊着"普罗列塔利亚万岁"，而自己还躲在"艺术之宫"、"象牙之塔"里制造文学，贩运外国货，岂不是个落后者？

而且自己的文章，能畅销全国，受青年的崇拜者，全因自己戴着一顶"时代的先驱"、"思想界的权威"的高冠的缘故。可是近来似乎走了衰运,各杂志各小报都在骂我"落伍",讥我是"有闲阶级","小资产阶级"了。其实,我李适并没有改变呀!今日之李适,固犹昔日之李适也。只是一班青年,都是喜新厌故,大约我太故旧了,天天唱着老调,写几句骂人的杂感之类的东西,偷译些外人作品,也难怪他们不满意的。况且,自己是"时代的先驱者",应该站在时代的前面做一个思想领导者!免得自求没落,受友朋的冷嘲热骂,也罢,老王昨天邀我加入"左翼作家联盟",我索性答应了,可以敲新鲜锣鼓,使读者换换口味,这样,"时代的先驱"的高位,固然可以保全,而收入也会增加许多,著作之畅销不用说了,此外还有一笔额外的卢布津贴,亦何乐而不为?

这里,等于明确地说鲁迅加入"左联"是为了拿卢布。紧接着,又大写李适生活如何糜烂,并且对许广平也大泼污水。古人云:"罪不及妻孥",而在上海时期,鲁迅是连妻孥也要一起被攻讦、污蔑的。

《时事新报》是国民党官办的刊物,陈立夫自任社长。可见这类谣言,体现的是一种"官意"。

在1933年11月5日致姚克的信中,鲁迅谈到对《鲁迅评传》的意见时,其中第一条是:

鲁迅与内山完造合影。

第一段第二句后，似可添上"九一八后则被诬为将中国之紧要消息卖给日本者"的话。（这是张资平他们造的，我当永世记得他们的卑劣险毒。）

在"九一八"以后，被指为通日的汉奸，是"国人皆曰可杀"的。当时造谣说鲁迅是通日的汉奸者，颇有人在。1934年5月上海《社会新闻》7卷16期上，有署名"天一"者写了《内山完造的秘密》一文，最后说："施高塔路的内山书店，实际是日本外务省的一个重要的情报机关，而每个内山书店的顾客，客观上都成了内山的探伙，而我们的鲁迅翁，当然是探伙的头子了。"而该刊1934年5月的7卷12期上，有署名"思"者，发表《鲁迅愿作汉奸》一文，则说得更"分明"：

鲁迅之作文字也，非一定欲变作共产党口吻，徒以左倾既成时髦，赤色作品更能卖钱耳，初固不虞政府对彼不客气到底，根本毁灭其作品也，鲁迅至此始感大窘，成为进退失据，且版税稿费全部打消，连一家八口生活都成问题，穷思竭想，居然想得一法。盖彼之诋毁政府，本靠之向共产党易钱，不过共产党自身且在捕捉之列，不能予彼保障，如转而作汉奸，则日本之搜罗破坏现政府者，其迫切固不亚于共产党，且金钱报酬更高，况乎还有保障。因此鲁迅即搜集其一年来诋毁政府之文字，编为《南腔北调集》，丐其老友内山完造介绍于日本情报局，果然一说便成，鲁迅所获稿费几及万元，以视《申报》"自由谈"之十洋一千，更相去几倍矣。现此书已由日本同文书局出版，凡日本书店均有出售，中国官厅格于治外法权，果然无如之何，闻鲁迅此技一售，大喜过望，已与日本书局订定密约，将此（长）期以此等作品供给出版，乐于作汉奸矣。

把鲁迅说成是汉奸，一些人或许是在报私仇，但国民党官方这样做，却有着几种目的。一是将鲁迅置于全民的敌对地位，变成"人民公敌"，这样，鲁迅的那枝笔便失却了力量。既然通缉、恐吓、跟踪一类迫害和"禁，删，禁，删"一类文化围剿，都不能将鲁迅的声音闷死，使之成为活尸，那么，便想法让你的声音在大众中失去效力。另一方面，则是在贼喊捉贼，将亡国之责推卸给文人。鲁迅在1934年6月2日致曹聚仁信中说："我之被指为汉奸，今年是第二次……今之衮衮诸公及其叭儿，盖亦深知中国已将卖绝，故在竭力别求卖国者以便归罪，如《汗血月刊》之以明亡归咎于东林，即其微意也。"当时的《汗血月刊》曾刊文，把明亡的责任推到士大夫头上，也是在借古喻今。而直接把文人指为汉奸，一俟国亡，文人就更难辞其咎了。

　　正因为毕生深受谣言之害，鲁迅特别能体谅被谣言中伤时的苦痛。在上海期间，鲁迅写过几篇为被谣言所诬者辩护的文章，其实也是在借他人酒杯，浇胸中块垒。《南腔北调集》中的《谣言世家》一文，是为民国后的杭州旗人辩诬的。民国以后，旗人吃不成"皇粮"，于是各自自寻生计。他们一向优游于西子湖边，秀气所钟，是聪明机巧的。纷纷做起了小买卖，有的卖小菜，有的卖糕饼，开始时生意并不坏。但是忽然有谣言流传，说旗人所卖的东西里，藏着毒药，于是汉人避之唯恐不及。旗人们食物生意做不下去，便在路边卖那些不能下毒的家具。家具一卖完，旗人就穷途末路了。鲁迅在谈起这件旧事时，对被谣言逼入绝境的旗人是饱含同情的，而对过去和现在的造谣者的愤恨也溢于言表："笑里可以有刀，自称酷爱和平的人民，也会有杀人不见血的武器，那就是谣言……下毒学说起于辛亥光复之际的杭州，而复活于近来的排日的时候。我还记得每有一回谣言，就总有谁被诬为下毒的奸细，给谁平白打死了。"谣言之所以为谣言，有时候就在于它让你不愿相信却又不敢不信，让你虽不至于信其真但也不能遽定其假，让你宁可信其有也不可信其无,这样,再憎恶谣言者有时也会被谣言所误、所骗。所以,鲁迅最后说:"我有时也不大能够分清哪句是谣言,哪句是真话了。"而《且介亭杂文二集》中的《论"人言可畏"》一文,则是在替被谣言逼得自尽的阮玲玉说话。阮玲玉在遗书中留下了"人言可畏"这句话,因此有人把她的自杀归因于报章对她的诉讼事件的张扬,不久,就有记者反驳,说阮的自杀与报章无关。而鲁迅认为,报章上对阮玲玉的讼事的大加渲染,确是促使她自杀的一种原因。鲁迅分析道:"阮玲玉正在现身银幕,是一个大家认识的人,因此她更是给报章凑热闹的好材料,至少可以增加一点销场。读者看了这些,有的想:'我虽然没有阮玲玉那么漂亮,却比她正经';有的想:'我虽然不及阮玲玉有本领,却比她出身高';连自杀了之后,也还可以给人想:'我虽然没有阮玲玉的技艺,却比她有勇气,因为我没有自杀'。花几个铜元就发见了自己的优胜,那当然是很上算的。但靠演艺为生的人,一遇到公众发生了前两种感想,她就够走到末路了。所以我们且不要高谈什么连自己也并不了然的社会组织或意志强弱的滥调,先来设身处地的想一想罢,那么,大概就会知道阮玲玉的以为'人言可畏',是真的,或人们以为她的自杀,和新闻记事有关,也是真的。"鲁迅之所以能够设身处地地替阮玲玉着想,就因为自身一直处在相似的境地里。

闻知"左联"五烈士遇难的当夜,鲁迅吟出了"惯于长夜过春时"那首著名的诗,其中有句云:"怒向刀丛觅小诗"。那期间,日本京华堂主人小原荣次郎在中国购买兰花回国,鲁迅书赠一绝句,诗云:"椒焚桂折佳人老,独托幽岩展素心。岂惜芳馨遗远者,故乡如醉有荆榛。"在上海的十年,是鲁迅在"刀丛"和"荆榛"中苦战恶斗的十年。

第三章 启蒙即救亡

李泽厚先生曾用"启蒙与救亡的双重变奏"来概括自五四新文化运动开始后数十年间的中国思想史。这种观点认为，启蒙与救亡是一开始便相互纠缠的，或者说，是并行不悖、相得益彰的。但这种局面并未持续多久。随着民族危机的日益加深，随着反帝图存主题的日益突出，救亡便压倒了启蒙。在《启蒙与救亡的双重变奏》中，李泽厚指出："……救亡的局势，国家的利益，人民的饥饿痛苦，压倒了一切，压倒了知识者或知识群对自由平等民主民权和各种美妙理想的追求和需要，压倒了对个体尊严、个人权利的注视和尊重。国家独立富强，人民吃饱穿暖，不再受外国侵略者的欺压侮辱，这个头号主旋律总是那样地刺激人心，萦绕入耳，使'五四'前后所谓'从宇宙观到人生观，从个人理想到人类的未来'这种种启蒙所特有的思索、困惑、烦恼，使所谓'从孔教问题、妇女问题一直到劳动问题、社会改造问题；从文字上的文学问题一直到人生观的改造问题，都在这一时期兴起，萦绕着新时代的中国社会思想'，都很快地被搁置在一旁，已经没有闲暇没有功夫来仔细思考、研究、讨论它们了。'五卅'运动，北伐战争，然后是十年内战、抗日战争，好几代知识青年纷纷投入这个救亡的革命潮流中，都在由爱国而革命这条道路上贡献出自己……"这种对那一历史时期思想文化的主要走向的描述，或许是有道理的。但鲁迅却不在此列。在鲁迅那里，救亡从未压倒启蒙，因为在他的意识里，救亡离不开启蒙，启蒙是救亡的前提。启蒙的目的当然大于救亡，但包含着救亡。鲁迅的深刻之处，在于一开始便意识到，只有民众在思想上都觉醒了，都成了具有现代意识的人，民族才能真正在世界上占有一席之地，否则，民族迟早还要沦亡。正因为如此，鲁迅从投身新文化运动始，便不曾放弃过对大众启蒙的努力。在他生命的最后十年，日寇对中国的侵犯步步深入，国土在大片地沦陷。在这种情形下，鲁迅当然也加入到救亡的行列中，然而，他救亡的方式，仍然是对民众进行思想启蒙。这一时期，鲁迅不但自己坚持五四启蒙方向，而且对那种救亡压倒启蒙的倾向有着高度的警觉，对五四新文化运动的成果在"救亡"声中被葬送有着深重的忧虑，对在五四时期遭到猛烈批判的传统文化中种种腐臭的"沉渣"在"国难声中"的泛起，有着满腔愤怒。

"人类向各民族所要的是'人'"

1906年夏天,在日本仙台医学专门学校的一间教室里,老师的课已经讲完,但下课的时间尚未到,于是,便放映起关于日俄战争的画片:突然,画面上出现了一个被绑着的中国人,据说是替俄国人做了军事上的侦探,被日本人抓住,正要砍头示众,而旁边围着鉴赏这示众的,竟也是一些中国人……教室里的学生们,自然也兴高

1906年3月,日本仙台,鲁迅及其同学合影。

采烈地鉴赏着这有趣的场景,并拍掌欢呼。但在他们中间,却有一人受到了强烈的刺激,感觉到了剧烈的痛苦,并因此决心弃医从文,改变了一生的路向,——这个人便是中国留学生周树人,也就是后来的鲁迅。在《呐喊》的"自序"中谈到这件事时,鲁迅说:"这一学年没有完毕,我已经到了东京了,因为从那一回以后,我便觉得医学并非一件紧要事,凡是愚弱的国民,即使体格如何健全,如何茁壮,也只能做毫无意义的示众的材料和看客,病死多少是不必以为不幸的。所以我们的第一要著,是在改变他们的精神,而善于改变精神的是,我那时以为当然要推文艺了,于是想提倡文艺运动了。"

日本仙台,鲁迅(后排右者)与医专同学合影。

  鲁迅的这段经历,鲁迅回忆这段经历时说的这番话,是为许多人熟知的。启蒙即救亡,欲救亡须先启蒙的思想一开始便牢牢植根于鲁迅心中,并毕生未曾动摇、改变。鲁迅总是越过许多中介环节,一下子便把国家民族的沦亡与民众精神的沦亡直接联系起来:因此,欲救国家民族之亡,首先须救民众精神之亡,而救民众精神之亡的方式,便是思想启蒙。这样,也就使得鲁迅从未变成一个肤浅狭隘、急功近利的救亡论者。既然启蒙是救亡的前提,既然不启蒙便不能真正救亡,那么,启蒙与救亡,在鲁迅那里,便并不曾有过怎样不可调和的矛盾,救亡压倒启蒙的现象在鲁迅身上也未曾发生过。

1903年，鲁迅（右）与东京弘文学院中国同学留影。1902年3月，鲁迅在南京乘坐日本轮船"大贞丸"号前往日本留学。

鲁迅（后左一）与留日同学合影。

当鲁迅1906年夏季在日本仙台医专的那间教室里，准备将疗救中国民众精神作为自己毕生的事业时，离五四新文化运动还有十多年。鲁迅启蒙思想的形成，并非受五四的影响。所以，此后尽管启蒙与救亡日渐冲突，且为救亡而放弃启蒙成为一种大势，但这并未对鲁迅产生什么影响。鲁迅是不会为时潮所左右的。尤其在晚年，当民族矛盾异常尖锐、救亡成为燃眉之急时，鲁迅仍执著地坚守他在1906年夏季所确立的启蒙立场。是这样的想法支配着鲁迅这么做的：如果民众不从思想上觉醒，如果全民族不具有一种现代人格，如果中国传统文化不从根本上得到改造，如果中国社会不进行彻底的变革，那么，中华民族便无以自立于世界民族之林，而国家民族的沦亡也便是迟早要来的；而如果民众都从思想上觉醒了，都具有了现代人格，如果中国旧文化从根本上得到了改造，如果中国社会进行了彻底的变革，救亡的问题也就迎刃而解了，甚至压根儿就无"亡"可救了。

启蒙与救亡在鲁迅笔下总是那么自然地联系在一起，从早期到晚年，都是如此。这无非意味着，在鲁迅看来，这两者原本便是一回事。

例如，发表于1924年的《娜拉走后怎样》的讲演稿，主旨是说妇女解放的，属思想启蒙范畴，与国家民族的兴亡似乎没什么关系。但鲁迅却一步一步地、非常顺理成章地把话题最终归结到"救亡"上来。他从妇女如何争取经济权，谈到社会经济制度的改革，最后说："可惜中国太难改变了，即使搬动一张桌子，改装一个火炉，几乎也要流血；而且即使有了血，也未必一定能搬动，能改装。不是很大的鞭子打在背上，中国自己是不肯动弹的。我想这鞭子总要来，好坏是别一问题，然而总要打到的。但是从哪里来，怎么地来，我也是不能确切地知道。"从娜拉谈起，最后谈到中国的存亡问题，却丝毫不让人感到牵强。而鲁迅在这里说的鞭子，数年之后，也就从日本帝国主义那里打来了。

更早些，发表于1918年的《随感录》第"三十六"（见《热风》），是这样写的：

现在许多人有大恐惧；我也有大恐惧。

许多人所怕的，是"中国人"这名目要消灭；我所怕的，是中国人要从"世界人"中挤出。

我以为"中国人"这名目，决不会消灭；只要人种还在，总是中国人。譬如埃及犹太人，无论他们还有"国粹"没有，现在总叫他埃及犹太人，未尝改了称呼。可见保存名目，全不必劳力费心；

但是想在现今的世界上，协同生长，挣一地位，即须有相当的进步的智识，道德，品格，思想，才能够站得住脚：这事极须劳力费心。而"国粹"多的国民，尤为劳力费心，因为他的"粹"太多。粹太多，便太特别。太特别，便难与种种人协同生长，挣得地位。

有人说："我们要特别生长；不然，何以为中国人！"

于是乎要从"世界人"中挤出。

于是乎中国人失了世界，却暂时仍要在这世界上住！——这便是我的大恐惧。

在这里，鲁迅强调，"中国人"是否能成为"世界人"中合格的一分子，是否能在地球上站稳脚跟，取决于每一个中国人是否能在智识、道德、品格、思想等方面都有"相当的进步"，这也就是把中华民族的存亡，归结于民众思想上的觉醒。而鲁迅同时又指出，唤醒民众的启蒙工作极"劳力费心"。对启蒙的艰巨性、长期性，鲁迅是一开始便有着清醒的认识的。他深知这须具有一种韧性精神，须从一点一滴做起。

再来看发表于1919年的《随感录》第"四十"（见《热风》），本来谈的是爱情问题，抒发的是对中国人"无爱情结婚"的愤怨，但却也与民族存亡联系在一起：

然而无爱情结婚的恶果,却连续不断地进行。形式上的夫妇,既然都全不相关,少的另去姘人宿娼,老的再来买妾:麻痹了良心,各有妙法。所以直到现在,不成问题。但也曾造出一个"妒"字,略表他们曾经苦心经营的痕迹。

可是东方发白,人类向各民族所要的是"人",——自然也是"人之子"——我们所有的是单是人之子,是儿媳妇与儿媳之夫,不能贡献于人类之前。

从婚姻问题、夫妇关系,跳到人类和民族问题,中间没有什么过渡,但却并不让人感到突兀。鲁迅的希望是中国人都变成"人",这加引号的人,是具有现代意识、现代人格的人,也只有中国人都成了这种意义上的"人",才能在"世界人"中保有自己的地位。而将中国人都变成"人"的唯一途径,便是思想启蒙。

鲁迅的启蒙方式,是揭出民众精神的病苦,引起疗救的注意,这样,民众精神的麻木、冷漠、自私、卑怯的一面,便常常被鲁迅无情地揭露。而这种启蒙方式,也常常招来各种各样的人以各种各样的理由表示的憎恶。鲁迅从广州到上海不久,便遭到创造社"革命文学家"们的猛烈攻击,而他们攻击鲁迅的,也正是他一贯坚持的有关启蒙方式的主张。他们认为鲁迅那种暴露黑暗的做法,太消沉、太悲观,于所谓的"革命"不利;他们指责鲁迅只看到黑暗而看不到光明,只看到污秽而看不到鲜花;他们宣布鲁迅已经落伍、过时,已经变成了"反革命",而且还是"二重的"。因此,鲁迅与创造社之争,其实也可看做是启蒙是否仍然必要之争。

鲁迅一贯的信念没有被"革命文学家"们所摧毁。在晚年,鲁迅仍然坚信,启蒙的事业远没有完成,启蒙的工作远没有过时、落伍。不坚持启蒙，不使大众在精神上站立起来，所谓"革命"，不过是沙滩上的建筑游戏，聊以自欺而已。鲁迅不但从理论上批驳不睁眼看现实的"革命文学家"，而且举例证明启蒙的任务仍然何等艰巨。例如，《三闲集》中的《太平歌诀》和《铲共大观》，便都意在显示民众精神还怎样蒙昧。

1928年4月6日的《申报》登出一则记事：南京市流行一种谣传，谓孙中山陵墓行将竣工，"石匠有摄收幼童灵魂，以合龙口之举"。市民以讹传讹，自相惊扰，因而家家幼童，左肩各悬红布一方，上书歌谣四句，借避危险。其歌诀约有三种：（一）"人来叫我魂，自叫自当承。叫人叫不着，自己顶石坟。"（二）"石叫石和尚，自叫自承当。急早回家转，免去顶坟坛。"（三）"你造中山墓，与我何相干？一叫魂不去，再叫自承当。"读了这则记事后，鲁迅写了《太平歌诀》，指出：

这三首中无论那一首，虽只寥寥二十字，但将市民的见解：对于革命政府的关系，对于革命者的感情，都已经写得淋漓尽致了。虽有善于暴露社会黑暗面的文学家，恐怕也难有做到这么简明深切的了。"叫人叫不着，自己顶石坟，"则竟包括了许多革命者的传记和一部中国革命的历史。

看看有些人们的文字，似乎硬要说现在是"黎明之前"。然而市民是这样的市民，黎明也好，黄昏也好，革命者们总不能不背着这一伙市民进行。鸡肋，弃之不甘，食之无味，就要这样地牵缠下去。五十一年后能否就有出路，是毫无把握的。

近来的革命文学家往往特别畏惧黑暗，掩藏黑暗，但市民却毫不客气，自己表现了。那小巧的机灵和这厚重的麻木相撞，便使革命文学家不敢正视社会现象，变成婆婆妈妈，欢迎喜鹊，憎厌枭鸣，只检一点吉祥之兆来陶醉自己，于是就算超出了时代。

1928年的鲁迅，仍如10年前20年前一样，对民众精神的麻木之"厚重"，有着极度的敏感。面对这种麻木，鲁迅当然会坚信启蒙之任重道远。坦率地说，面对如此"厚重"的麻木，鲁迅或许时时会对启蒙是否可能、是否有用发生怀疑，但决不会对启蒙是否合理产生疑问。但即使对启蒙是否可能、是否有用发生怀疑，鲁迅也仍然不会放弃启蒙的努力；甚至即使明白了启蒙是无效用的，鲁迅也仍然会将启蒙事业坚持下去。——这，也就是"知其不可为而为"、"绝望的抗战"的一种表现了。

1928年4月6日的《申报》有一段《长沙通信》，记的是湖南省处决共产党人一事。在被处决者中，有三名年轻女性，于是，"全城男女往观者，终日人山人海，拥挤不通。加以共魁郭亮之首级，又悬之司门口示众，往观者更众。司门口八角亭一带，交通为之断绝。计南门一带民众，则看郭亮首级之后，又赴教育会看女尸。北门一带民众，则在教育会看女尸后，又往司门口看郭首级……"针对这则消息，鲁迅写了《铲共大观》，发挥了一点想象："我一读，便仿佛看见司门口挂着一颗头，教育会前列着三具不连头的女尸。而且至少是赤膊的，——但这也许我猜得不对，是我自己太黑暗之故。而许多'民众'，一批是由北往南，一批是由南往北，挤着，嚷着。再添一点蛇足，是脸上都表现着或者正在神往，或者已经满足的神情。"这样的联想，说明鲁迅的心被这则消息刺激得怎样痛楚。我们记得，1906年夏季，在日本的仙台医专，鲁迅正是被一群中国人鉴赏一个中国人的被杀而刺激得决意以思想启蒙为毕生事业的。22年后，当鲁迅步入生命的晚年时，这样的场景仍给鲁迅以深深的刺激。如果说，22年前，这样的场景使鲁迅拿起了启蒙的笔，22年后，同样的场景，也只能令鲁迅把手中的笔握得更紧，只能使鲁迅更加坚信启蒙的必要。当然，如今面对这样的场景，鲁迅的心中会比22年前更多一份沉重，一种悲哀。怎么22年过去了，民众精神上的麻木之"厚重"依旧？怎么许多人参与的启蒙事业进行了那么多年，仍不见明显的成效？在《铲共大观》的结尾，鲁迅写道："我临末还要揭出一点黑暗，是我们中国现在（现在！不是超时代）的民众，其实还不很管什么党，只要看'头'和'女尸'。只要有，无论谁的都有人看。拳匪之乱，清末党狱，民二，去年和今年，在这短短的二十年中，我已经目睹或耳闻了好几次了。"写下这些话时，鲁迅的心情一定是很悲凉的。我想，这种时候，绝望一定又袭上了鲁迅的心头。但鲁迅不会让绝望长久地在心头盘踞。绝望一千次地从内心深处探出头来，鲁迅一千次地把它按下去。要坚持在启蒙的道路上走下去，鲁迅不但要与外界的种种力量抗辩、奋争，还要时时反抗内心深处的绝望。

1931年9月18日，日寇在沈阳发动事变，很快便占领了东北三省。此后，日寇为了取得一个继续进攻中国内地的基地，又发动对上海的侵略。1932年1月28日晚，日军进攻上海闸北，驻上海的第19路军在蒋光鼐、蔡廷锴的指挥下，奋起抵抗。鲁迅其时的住处，正在火线之内，也曾有子弹击穿玻璃。在这种情况下，鲁迅自然也会以自己的方式，加入到抗日救亡的文化工作中去。但即使在救亡问题如此尖锐突出的情形下，鲁迅也并未放弃对民众的启蒙。正如民族精神中优良的一面会在民族危亡的关头醒目地显现出来一样，民族精神中卑劣、阴暗的一面也会在国难声中充分暴露。而鲁迅便常常抓住国难声中暴露出来的民族精神上的病苦，加以针砭，——这是启蒙，也是救亡。

例如，同样高呼救亡，有人却不过将救亡变成做戏，鲁迅在1932年6月18日致台静农信中，说到当天的《申报·自由谈》上登出一篇题为《摩登式的救国青年》的文章，文章中有一段云："密斯张，纪念国耻，特地在银楼里定打一只镌着抗日救国四个字的纹银匣子；伊是爱吃仁丹的，每逢花前、月下……伊总在抗日救国的银匣子里，摇出几粒仁丹来，慢慢地咀嚼。在嚼，在说：'女同胞听者！休忘了九一八和一二八，须得抗日救国！'"鲁迅早就指出，中国人多是"做戏的虚无党"。而在抗日救亡运动中，这种"做戏的虚无党"也多有出现。鲁迅在一系列文章里，都针砭了抗日救亡中的这类做戏现象。写于1931年11月的《宣传与做戏》，写于1932年1月的《中华民国的新"堂·吉诃德"们》，都是针对官方和民间将抗日变成做戏而写的。"九一八"事变后，日军在黑龙江省遭到其时任黑龙江省代理主席马占山的抵抗。当时上海的一些青年组织了一个"青年援马团"，要求赴东北抗日，然而，其行为实如同儿戏。鲁迅在《中华民国的新"堂·吉诃德"们》中，这样说他们："中国现在总算有一点铁路了，他们偏要一步一步地走过去；北方是冷的，他们偏只穿件夹袄；打仗的时候，兵器是顶重要的，他们偏只重精神。这一切等等，确是十分'堂·吉诃德'的了。然而究竟是中国的'堂,吉诃德'，所以他只一个，他们是一团；送他的是嘲笑，送他们的是欢呼；迎他的是诧异，而迎他们的也是欢呼；他驻扎在深山中，他们驻扎在真如镇；他在磨坊里打风磨，他们在常州玩梳篦，观美女，何幸如之……"这种抗日"抗得轻浮"，而日本人杀人却杀得"切实"。从这种做戏般的"抗日"言行中，鲁迅仍然看到了传统的民族性格的某种病灶。因而，对这类现象的指责，便既可认为是在启蒙，也可认为是在以另一种方式救亡了。

　　鲁迅晚年，即使在飞丸入室、炮声震耳之际，也仍然没有把他的目光从民众精神的病苦上转移开去，早先的那个启蒙主题，仍然为他所坚守着。在上海十年间，仍然写下了大量的主旨在于思想启蒙的文章。1934年夏，浙江余姚一带大旱，乡民举办迎神赛会祈雨，路经各处，都不准人戴帽，否则即刀砍枪刺，有一六十多岁的小学校长上前劝阻，激动众怒，被上千农民殴毙，尸体投入河中，还不罢休，又将尸体打捞上岸，咬断喉管。此事见诸报端后，鲁迅写下了《迎神和咬人》一文，悲愤地说道：

自从由帝国成为民国以来，上层的改变是不少了，无教育的农民，却还未得到一点什么新的有益的东西，依然是旧日的迷信，旧日的讹传，在拼命的救死和逃死中自速其死。

这回他们要得到"天讨"。他们要骇怕，但因为不解"天讨"的缘故，他们也要不平。待到这骇怕和不平忘记了，就只有迷信讹传剩着，待到下一次水旱灾荒的时候，依然是迎神，咬人。

这悲剧何时完结呢？

自从民国以来，由于西方各种思想观念的进入，中国看起来确乎发生了很大的变化。但这种变化一来集中在所谓"上层"，二来是很表面化的。至于最广大的底层民众的思想意识，并未受到怎样的触动，他们仍然如几千年来一贯的那样，被迷信、妄信和愚昧所支配着，厚重的麻木、冷漠和由迷信、妄信、愚昧所导致的疯狂的激情，使几千年来不断上演的悲剧仍然在最广大的底层日日上演着。而如果最广大的底层民众的思想意识不得到根本改变，如果不使民众都成为具有现代理性、现代人格的"人"，那么，中华民族便始终只能坐着轮椅，以瘫痪的姿态出现在世界上，而沦亡与救亡的局面便会在中国重演。因此，改变底层民众意识的工作一刻也不能放松，思想启蒙的事业不能被任何其他的事情所取代、排斥、抹杀。因为眼前紧迫的救亡而放弃启蒙、牺牲启蒙、否定启蒙，无疑是短视的。

1919年，鲁迅写过一篇《我们现在怎样做父亲》，对中国旧的家族道德、男权思想以及旧的父子、夫妇观念，进行了批判，希望"讨嫖钱至于相骂，要赌本至于相打"的家庭现象从此改变；1933年，鲁迅又写了《男人的进化》一文，主旨仍与《我们现在怎样做父亲》相似；1924年，鲁迅发表了《娜拉走后怎样》，谈的是妇女解放问题，强调经济权和社会的根本变革对妇女解放的重要性；1933年，鲁迅又写了《关于妇女解放》一文，指出让太太与阔男人在公众场合合影，让小姐在飞机轮船开动前去"敲碎一个酒瓶"，以及"一切招待，全用女子"这类现象，虽然打着妇女解放的旗号，但仍不过是将妇女当玩物，仍是对妇女的另一种方式的歧视，"她们虽然到了社会上，还是靠着别人的'养'；要别人'养'，就得听别人的唠叨，甚而至于侮辱。"妇女要真正获得独立的人格，就必须首先在男人与女人之间消灭"养"与"被养"的界限，而要做到这一点，前提是社会整体性的变革。因此，社会整体性的变革，是妇女解放的基础，在社会没有得到根本变革以前，妇女状况不可能独自改变，"在并未改革的社会里，一切单独的新花样，都不过一块招牌，实际上和先前并无两样。拿一匹小鸟关在笼中，或给站在竿子上，地位好像改变了，其实还只是一样的给别人做玩意，一饮一啄，都听命于别人"。这里的思虑，仍与《娜拉走后怎样》一脉相承。这些，都说明，即使在晚年，即使在救亡之声轰轰烈烈之际，那些重大的启蒙课题，仍萦绕于鲁迅心中。

救亡当然是必要的，但救亡的成功并不能使中国固有的问题消失。对于广大民众来说，国家沦亡了，是亡国奴；但救亡成功了，也不过是"有国奴"，是做本国统治者的奴隶。两者之间，或许并没有本质的差异。也正是基于这种想法，即便在外寇当前、国土濒临全境陷亡之际，鲁迅也仍不断地强调对中国固有社会状况的改革。

论及启蒙与救亡在鲁迅意识深处的统一，不能不提到写于1934年8月的《从孩子的照相说起》。因为鲁迅对自己的孩子并不摆旧式的为父威严，所以孩子"健康，活泼，顽皮，毫没有被压迫得瘟头瘟脑"，但"九一八"事变后，也因此常被同胞误认为日本孩子，被骂过几次，还挨过一次不重的打，这自然是令人悲哀的，但更可悲哀的是，"近一年多以来，这样的事情可是一次也没有了。"随着日人势力的愈来愈盛，同胞对街头的所谓"日本孩子"，也只敢畏而远之了。同胞之所以将鲁迅的孩子误认为日本孩子,是因为他们有一种"速断法":"温文尔雅,不大言笑,不大动弹的,是中国孩子;健壮活泼,不怕生人,大叫大跳的,是日本孩子。"这种"速断法"在鲁迅看来并不可靠,因为他在自己孩子身上发现一种奇怪的现象:"我曾在日本的照相馆里给他照过一张相,满脸顽皮,也真像日本孩子;后来又在中国的照相馆里照了一张相,相类的衣服,然而面貌很拘谨,驯良,是一个道地的中国孩子了"原因在哪里呢?在于摄影师的"导演"和取舍。首先,两国的摄影师为孩子设计的姿势便不同,然后,摄影师选取的神情又大异:"孩子被摆在照相机的镜头之下,表情是总在变化的,时而活泼,时而顽皮,时而驯良,时而拘谨,时而烦厌,时而疑惧,时而无畏,时而疲劳……照住了驯良和拘谨的那一刹那的,是中国孩子相;照住了活泼或顽皮的那一刹那的,就好像日本孩子相。"这样,问题便归结到两国教育方式、教育观念的差异,也是触及到两国文化对人应怎样立身处世的不同理解,同时,也就自然地让人想到为什么泱泱大国的中华会被弹丸小岛的日本所欺侮、凌辱,当然也就让人想到要从根本上改变这种局面,必须从哪里着手了。谈的虽然是孩子的照相,但启蒙与救亡的双重内涵却不可分离地交融着。国难声中,鲁迅从最深处,从中国传统文化方面,指出国难发生的根源,这也自然就与启蒙联系在一起了。中国传统文化给儿童和青少年确立的做人规范,便是导致国难发生的原因之一。在写于1933年1月的《论"赴难"和"逃难"》中,鲁迅就说过,对于儿童和青少年,"施以狮虎式的教育,他们就能用爪牙,施以牛羊式的教育,他们到万分危急的时候还会用一对可怜的角。然而我们所施的是什么式的教育呢,连小小的角也不能有,则大难临头,唯有兔子似的逃跑而已"。中国固有的观念,孩子总该低眉顺眼,唯唯诺诺,才算是"乖",而只有乖,才算是好孩子。于是,孩子长大以后,便不敢反抗,少有血性,而民族的积弱之深,一种原因也在于此。

在民族危亡的关头，容易滋生那种狭隘的、赌气式的"民族主义"。正因为面临亡国灭种的危险，所以本民族固有的一切便都成了宝贝，偏要继承、发扬、光大，而别国，尤其是敌国的一切，便都成了可恨可恶的东西，偏要蔑视、驱逐、排斥。在《从孩子的照相说起》中，鲁迅指出了这种现象："活泼，健康，顽强，挺胸仰面……凡是属于'动'的，那就未免有人摇头了，甚至于称之为'洋气'。又因为多年受着侵略，就和这'洋气'为仇；更进一步，则故意和这'洋气'反一调：他们活泼，我偏静坐；他们讲科学，我偏扶乩；他们穿短衣，我偏着长衫；他们重卫生，我偏吃苍蝇；他们壮健，我偏生病……"这当然是一种十分愚昧的表现。这样，非但不能保国存种，相反，只能使国和种亡灭得更迅速。在国难声中，鲁迅一方面坚持对传统文化中腐败、没落的东西进行批判，一方面则仍然主张要向外国学习，甚至一再强调要向作为仇敌的日本学习，学习他们的种种优点。"九一八"之后，出现了一股日本研究热，但除了一些站在狭隘的、赌气式的"民族主义"立场上散布的低能言论外，稍为有点内容的，却都是从日本人对自己的研究著作中剽窃过来的。针对这一现象，鲁迅写了《"日本研究"之外》（《集外集拾遗补编》），说道：

在这排日声中，我敢坚决地向中国的青年进一个忠告，就是：日本是很有值得我们效法之处的。譬如关于他的本国和东三省，他们平时就有很多的书……关于外国的，那自然更不消说。我们自己有什么？除了墨子为飞机鼻祖，中国是四千年的古国这些没出息的梦话而外，所有的是什么呢？

我们当然要研究日本，但也要研究别国，免得西藏失掉了再来研究英吉利（照前例，那时就改称"英夷"），云南危急了再来研究法兰西。也可以注意些现在好像和我们毫无关系的德、奥、匈、比……尤其是应该研究自己：我们的政治怎样，经济怎样，文化怎样，社会怎样，经了连年的内战和"正法"，究竟可还有四万万人了？

在一片排日、反日、抗日声中大声疾呼要向日本学习，弄不好会遭致恶毒的辱骂和可怕的"罪名"，因此，这样做，本身便是需要很大的勇气的。而主张同时也要研究别国，则显出目光总能超出时代的拘囿。强调尤其应该研究本国，便又回到鲁迅一贯的看法上来，即本国情形的根本改变，才是救亡之本，——毕竟先有了本国的黑暗和愚弱，才有了外敌的入侵，也才有了所谓的救亡。

"可羞甚于陨亡"

在鲁迅那里,"救亡的局势,国家的利益,人民的饥饿和痛苦",并没有压倒他"对个体尊严、个人权利的尊重和注视"。1935年12月9日,北京爆发了旨在反对对日妥协的学生运动(史称"一二·九运动"),遭到军警的镇压。上海学生为声援北京学生而跪在国民党市政府前请愿。12月21日《申报》的"本市新闻"栏内,刊出了学生跪着的照片。对学生的此种做法,鲁迅颇不以为然。在到照片的当夜致台静农的信中,鲁迅写道:"北平学生游行,所遭与前数次无异,闻之惨然,此照例之饰终大典耳。上海学生,则长跪于府前,此真教育之效,可羞甚于陨亡。"面对青年学生在市府前长跪请愿的场景,鲁迅感到了羞愧。他是作为一个中国人而在"世界人"面前感到羞愧的,他也是为所有的中国人而感到羞愧的。学生长跪请愿,目的本在救亡;然而,在鲁迅心目中,这种长跪的行为,为中国带来的羞辱,甚至甚于国土的沦亡。——这当然是一种愤激之言,而且是吐露于私人通信中,但毕竟说明了鲁迅直到晚年，仍然把个体尊严、个人权利看得很重；说明了鲁迅即便在救亡局势十分危急的情形下，也并未让五四启蒙运动的一些核心理念被救亡主题所排挤掉。唤醒个体的尊严，让每个人都意识到个人不可让渡的权利，让社会充分尊重个体的尊严和权利，是五四思想启蒙的一个重要方面，鲁迅也写过不少有关这方面内容的文章。而上海青年学生长跪请愿的行为，显然既让鲁迅感到曾经付出过的启蒙努力的无效，又让鲁迅感到继续致力于思想启蒙的必要。

以跪姿出现于官府前，在中国，原本是一种常事。当年，当上海学生长跪于市府前的照片刊出时，像鲁迅那样心理受到刺激、为此感到痛苦的人，恐怕不多，多数人是无动于衷，并不感到这有什么不妥，并不认为这是一种怎样的耻辱。在官府前跪着说话，这是中国人千百年来的习惯，习惯的力量是异常强大的。当上海的青年学生为声援北京学生、为抗日救亡而长跪于市府前时，也正是不由自主地受到了这种习惯的支配，——尽管他们受的是新式教育，尽管他们跪着的年月是20世纪30年代，尽管他们面对着跪下的是中华民国的市府，尽管他们跪下的地方是其时中国最西化、受传统文化影响最少的上海。传统文化中腐朽、没落的东西往往以一种无意识社会心理的方式起作用，往往作为种种习惯而代代相传。中国要真正富强起来，中华民族要真正昂首挺胸地立于世界民族之林，从而从根本上摆脱陷亡与救亡的可悲境地，便必须使那种顽固的无意识社会心理得到根本改造，便必须使种种不合理的习惯得到完全改变。否则，中国便永远只能处在落后和挨打的地位。这项工作虽然艰难，但必须去切切实实地做，而且不能中断。这种想法，鲁迅在上海时期并没有放弃，相反，倒可以说随着救亡局势的愈趋严峻，这种想法愈益坚定。在写于1930年3月的《习惯与改革》一文中，鲁迅说："梁实秋先生们虽然很讨厌多数，但多数的力量是伟大、要紧的，有志于改革者倘不深知民众的心，设法利导，改进，则无论怎样的高文宏议，浪漫古典，都和他们无干，仅止于几个人在书房中互相叹赏，得些自己满足。假如竟有'好人政府'出令改革乎，不多久，就早被他们拉回旧道上去了。"因此，"倘不深入民众的大层中，于他们的风俗习惯，加以研究，解剖，分别好坏，立存废的标准，而于存于废，都慎选施行的方法，则无论怎样的改革，都将为习惯的岩石所压碎，或者只在表面上浮游一些时。"在这篇文章中，鲁迅还指出，中国最初的排满革命，推翻清王朝，之所以很快得到大众的响应，就因为打出的旗号是"光复旧物"，也即"复古"，这与中国传统的社会心理一拍即合，能得到习惯力量的支持，革命便能成功。但民国以后的新的改革，便屡屡失败，甚至于"改革一两，反动十斤"，究其原因，就在于进一步的改革处处与传统的社会心理相龃龉，与千百年来的风俗和习惯相冲突。对于辛亥革命的成功，鲁迅一开始也是欢欣鼓舞的，但很快便陷入极深的失望中。他痛苦地发现，中国社会"招牌虽换，货色依旧"，以前的种种邪恶与苦难，依然故我地存在着。辛亥革命仅仅只是革掉了一条辫子而已。他开始了深沉的反思，并终于意识到，真正的革命是对传统的社会心理的革命，是对千百年来强大地支配着大众的风俗和习惯的革命，没有这一步，一切上层的革命都如"沙上建塔，顷刻倒坏"。此后，无论时局怎样剧变，无论社会怎样动荡，都不能动摇他的这种信念。因为他知道，各路英豪争来斗去，你胜我败，都不过是在"争夺地狱的统治权"，不管鹿死谁手，中国依然是一如既往的中国，社会的黑暗和民众的苦难，都不会改变。

　　鲁迅晚年，即便在国将破家将亡时，仍不改启蒙初衷，那么，他对国破家亡这件家国大事又到底持怎样的态度呢？其实，中国的被欺凌、被侵占，某种意义上可说是早在鲁迅意料之中。早在 1924 年写的《娜拉走后怎样》中，鲁迅就预言过，迟早会有外敌的鞭子猛烈地抽来，但那时，他尚不能确言鞭子何时来和从哪里来。后来，当鞭子从日本帝国主义手里挥下时，鲁迅也就并不感到怎样惊讶，仿佛是早已预料的事情终于来到了。鲁迅之所以有这种预感,当然首先基于对国内现状的洞察。本国现状既然如此黑暗,人民既然如此愚弱,在生存竞争激烈的世界上,当然难免成为强者垂涎的对象。"九一八"事件,并未使鲁迅如何震惊,而且鲁迅知道,战事的扩大,日方的步步进逼,是不可避免的。日本帝国主义在中国获得暂时的胜利,一段时期内成为这片土地上的主宰者,在鲁迅看来,都是难以逆转的。鲁迅对侵略者当然是憎恶的,但鲁迅也同样憎恶本国的法西斯统治者。鲁迅清楚地看到,本国的统治者是外寇的帮凶,他们在本国实行的黑暗统治,他们对志士仁人的大肆屠杀,正是在帮侵略者的忙,是在为侵略者清道。因此,在救亡声中,鲁迅特别注意揭露本国统治者的面目。同时,鲁迅预感到日本侵略者入主中华后,一定会实行有利于他们的文化统治,一定要实行种种愚民宣传,从心理上实行对中国民众的统治,让中国百姓心甘情愿地接受他们的驱使,认他们做自家的主子。为了唤醒和加强中国民众的民族意识,为了中国人不至于在成为亡国奴后还认贼作父,鲁迅在许多文章里,都借谈清朝的事情,来提醒即将处于日本人统治下的中国人。在中国,思想文化的启蒙本如逆水行舟,进则艰难,退则大易,而不进则必退。在一片救亡声中启蒙在很大程度上被废止被否定,思想文化方面便出现明显的倒退现象,五四新文化运动的成果被葬送。五四时期受到启蒙者猛烈攻击,以至一度沉寂、消退的种种现象,在救亡声中又沉渣泛起,甚至成为时髦。此种现象在鲁迅心中引起的不安、焦虑和愤激,也并不逊于国土的陨亡。思想文化方面的大复古大倒退,这是中华民族新精神的沦亡,这也许比国土的暂时沦亡更可怕。只要新精神不沦亡,只要思想文化的启蒙坚持下去并不断取得成果,那么,国土的救亡便不会无望。而如果好不容易培植起来的一点新精神沦亡了,那么,中国人也许便会以暂时做稳了日本人的奴隶为满足,这样,中国人摆脱亡国奴地位的日子,也许就遥遥无期。因此,在救亡声中,捍卫五四新文化运动的成果,继续高举启蒙大旗,也就成为鲁迅自然的选择了。

"甘为泥土"

30年代，在救亡问题日益突出的同时，复古的潮流也日见其盛。在民间，传统的迷信、妄信颇为盛行；在思想文化界，甚至出现了否定白话文的思潮，而且今日的白话文否定者往往正是昔日的白话文的极力提倡者。在军界政界教育界，种种稀奇古怪的现象也层出不穷。社会在思想观念上，在精神面貌上，出现明显的从五四向后退的趋势。对此，鲁迅在愤激之余，不遗余力地加以批判，尽其最大努力，捍卫五四新文化运动的成果。同时，鲁迅也对五四启蒙运动进行了反思。他认为，五四启蒙运动存在着急功近利和浅尝辄止的毛病。由于未能在启蒙事业上做精细、持久的工作，也使新思想、新观念未能在中国真正扎下根来，而只是像稀疏的雨点一般，润湿了一层地皮而已，救亡的烈日一烤晒，这地皮马上就干得冒烟了。所以新思想新观念在30年代的迅速被否弃，固然与救亡时局有关，但也因为自身根基未稳所致。正如头上的帽子之所以被风吹掉，固然因为有风吹，但也因为戴得不紧。基于这种看法，鲁迅再三强调，在文化建设上要有一种韧性精神，要从细小处一步一个脚印地做起，这样，才能真正有所成就。而他自己也正是这样做的，直到生命的最后一息。

读鲁迅抨击当时社会现象的文章，我们可以知道在30年代的中国，在所谓"国难声中"，存在着一些怎样千奇百怪、匪夷所思的事。读鲁迅写于1934年春的《黑暗中国的文艺界现状》，我们知道当时甚至连童话也被禁止，而湖南军阀何键，则在给国民党政府教育部的"咨文"中，主张禁止在教科书中将动物比拟为人类，斥责说："近日课本，每每狗说，猪说，鸭子说，以及猫小姐，狗大哥，牛公公之词，充溢行间。禽兽能作人言，尊称加诸兽类，鄙俚怪诞，莫可言状。"军人不思怎样守土卫国，却偏要干涉教科书上的猪叫猫咪，鸭鸣狗吠，令人啼笑皆非。读鲁迅写于1933年10月的《"滑稽"例解》，我们知道，其时四川营山县县长发布禁穿长衫令，令云："须知衣服蔽体已足，何必前拖后曳，消耗布匹？且国势衰弱，……顾念时艰，后患何堪设想？"这位县长居然想到要从衣服上省下一点布，来救国势的衰弱！而北平社会局则有禁女人养雄犬文，云："查雌女雄犬相处，非仅有碍健康，更易发生无耻秽闻。揆之我国礼义之邦，亦为习俗所不许。谨特通令严禁……凡妇女带养之雄犬，斩之无赦，以为取缔！"堂堂社会局，饿殍遍野不去管，山河破碎不敢问，却一本正经地为"雌女雄犬相处"而担忧，"这哪里是滑稽作家所能凭空写得出来的？"所以鲁迅说，在中国，故作的滑稽倒并不滑稽，要寻求滑稽，倒应该去看那冠冕堂皇的正经事，正经文。读鲁迅写于1934年8月的《奇怪》一文，我们知道，1934年7月，广东舰队司令张之英向广东省政府提议禁止男女同场游泳，曾由广州市公安局通令实施。其时"九一八"早在东北爆发，"一·二八"也已在上海发生，国家民族危在旦夕，而身为舰队司令，却为男女同场游泳而寝食不安！更有自称"蚁民"者，拟定了分别男女界限的五项办法，呈请国民党广东政治研究会采用：（一）禁止男女同车；（二）禁止酒楼茶肆男女同食；（三）禁止旅客男女同住；（四）禁止军民人等男女同行；（五）禁止男女同演影片，并分男女游乐场所。对这位舰队司令和这位"蚁民"，鲁迅说他们"低能透顶的是还没有想到男女同吸着相通的空气，从这个男人的鼻孔里呼出来，又被那个女人从鼻孔里吸进去，淆乱乾坤，实在比海水只触着皮肤更为严重。"读《奇怪》，我们还知道，1934年，当南方大旱时，不但农民筑泥龙烧香祈雨，举行小白龙出游，国民党政府也请第九世班禅喇嘛、安钦活佛等在南京、汤山等地祈祷求雨；1934年8月，上海先施公司联合各厂商聘请体重七百余磅的美国胖女人在公司表演以促销；当时上海徐家汇沿河一带，有人捕卖乌龟，而上海的"中国保护动物会"认为"劈杀龟肉，……势甚惨酷"，呈请国民党上海市公安局通令禁止；1934年8月，上海举行祭孔活动，并演习所谓"佾舞"；1934年，广州省河督配局局长郑日东根据《礼记·王制》中"道路，男子由右，妇人由左"之语，呈请国民党西南政务委员会，令男女分途而走，禁止同行；而蒋介石于1934年6月7日手令国民党江西省政府颁布《取缔妇女奇装异服法》，规定妇女"裤长最短须过膝四寸，不得露腿赤足"。……鲁迅说："假使现在有一个英国的斯惠夫德式的人，做一部《格列佛游记》那样的讽刺小说，说在20世纪中，到了一个文明的国度，看见一群人在烧香拜龙，作法求雨，赏鉴'胖女'，禁杀乌龟；又一群人在正正经经的研究古代舞法，主张男女分途，以及女人的腿应该不许其露出。那么，远处，或是将来的人，恐怕大抵要以为这是作者贫嘴薄舌，随意捏造，以挖苦他所不满的人们的罢。"但这确实是事实，是无论怎样刻薄的天才作家也想象不出来的事实。

　　五四时期，输入了"民主"与"科学"的概念，并喊出了"科学救国"的口号。科学，本是迷信与妄信的魁星，但在中国，却能与迷信和妄信合流，能使迷信和妄信如火借风，如虎添翼。"九一八"以后，

"一·二八"的炮声中,上海的马路上到处在卖《推背图》。1934年,"华北华南同濒危急",上海又流传"香港科学游艺社"制造发售的"科学灵乩图",可以问试卷、奖券、亡魂,并声称是"留德白同经多年研究所发明,纯用科学方法构就。"鲁迅在作于1934年5月的《偶感》一文中,针对此种现象,说:"'五四'时代,陈大齐先生曾作论揭发过扶乩的骗人,隔了十六年,白同先生却用碟子证明了扶乩的合理,这真叫人从哪里说起。"并且指出:"科学不但更加证明了中国文化的高深,还帮助了中国文化的光大。麻将桌边,电灯替代了蜡烛,法会坛上,镁光照出了喇嘛,无线电播音所日日传播的,不往往是《狸猫换太子》《玉堂春》《谢谢毛毛雨》吗?……每一新制度,新学术,新名词,传入中国,便如落在黑色染缸,立刻乌黑一团,化为济私助焰之具,科学,亦不过其一而已。"最后,鲁迅沉痛地说:"此弊不去,中国是无药可救的。"

1926年5月,当鲁迅提笔写《〈二十四孝图〉》时,首先写下的却是这样的话:"我总要上下四方寻求,得到一种最黑,最黑,最黑的咒文,先来诅咒一切反对白话,妨害白话者。即使人死了真有灵魂,因这最恶的心,应该堕入地狱,也将决不改悔,总要先来诅咒一切反对白话,妨害白话者……妨害白话者的流毒却甚于洪水猛兽,非常广大,也非常长久,……"并两次写道:"只要来对白话加以谋害者,都应该灭亡!"鲁迅之所以对妨害白话者如此痛恨,是因为他深知废古文而用白话,是思想启蒙的前提,从而也是拯救中国、让中华民族真正站立起来的前提。既然是针对大众启蒙,那就必须用一种明白晓畅、通俗易懂的语言,同时,新的思想观念,也只有用一种新的语言方式才能表达得清楚、精确。对语言与思想,与人的生存方式的关系问题,鲁迅有着高度的重视和长久的思索,对汉语的弊病也有着深刻的洞察,甚至认为中国的许多毛病,根子都可归咎于语言的含混模糊。这样,当30年代,又有人起而反对白话提倡古文时，鲁迅便自然会做出针锋相对的反应。

鲁迅在晚年，对五四新文化运动的成果的捍卫，是多方面的。他与施蛰存之间，曾就《庄子》与《文选》的问题有过一场争论。施蛰存主张青年应读读《庄子》与《文选》一类古书，从里面吸收一点"新字汇"。鲁迅认为，这分明也是一种对五四新文化运动的否定。在1933年11月致姚克信中，他说："我和施蛰存的笔墨官司，真是无聊得很，这种辩论，'五四'运动时早已闹过的了，而现在又来这一套，非倒退而何。"为社会的进步呕心沥血、劳作不息的鲁迅，目睹社会的任何一种退步现象，都不会无动于衷。

但鲁迅晚年，对五四新文化运动，也不仅仅只有继承和捍卫，更有反思。在写于1933年8月的《由聋而哑》中，鲁迅再次强调了借鉴异域精神成果的必要，而且这种借鉴，不能只是表面的、皮毛的，而须是深层的、实质的。这首先便需要对异域精神成果有精深细致的介绍。而五四时期的启蒙者，在介绍异域精神成果时，却大都是浮光掠影，粗疏笼统。哑子之所以哑，乃是因为从小耳聋，听不到别人的语言，无从模仿，因而自身语言功能便也无从启动。而中国的文艺之所以"哑"，也是因为不能受到异域文艺的刺激。鲁迅提到了勃兰兑斯在《十九世纪文学主潮》中论丹麦文学衰微的话。勃兰兑斯曾叹息说，丹麦文学创作，几乎完全死灭了，人间社会的任何问题都不能激起兴奋，看不见强烈的独创的创作。而之所以如此，原因之一，便是对于获得外国的精神生活的事，几乎绝对的不加顾及，于是自身精神也就由"聋"而"哑"。鲁迅说："这几句话，也可以移来批评中国的文艺界，这现象，并不能全归罪于压迫者的压迫，'五四'运动时代的启蒙运动者和以后的反对者，都应该分负责任的。前者急于事功，竟没有译出什么有价值的书籍来，后者则故意迁怒，至骂翻译者为媒婆，有些青年更推波助澜，有一时期，还至于连人地名下注一原文，以便读者参考时，也就诋之曰'衒学'。"由于翻译者都投机取巧，急于获取名利，便都只拣那些浅易、单薄的著作来翻译，而外国那些艰深的大部头著作则无人问津。影响到创作上，也就是只写些轻飘、浮泛的东西，坚实厚重的创作则极为少见。于是，书店的架上，满眼都是薄薄的小册子，要找一部深刻严密的里程碑式的作品，则颇不易。鲁迅说，虽然并非大部头的著作就一定有大价值，但"小小的一本'什么 ABC'里，却也决不能包罗一切学术文艺的。一道浊流，固然不如一杯清水的干净而澄明，但蒸馏了浊流的一部分，就有许多杯清水在"。

应该借鉴异域文化，应该从外国的精神生活中吸取营养，这在 30 年代已不成其为问题。但怎样借鉴异域文化，怎样从外国的精神生活中吸取营养，或者说，在借鉴异域文化，从外国精神生活中吸取营养时，应怀有一种怎样的心态，这在 30 年代仍是一个突出的问题。抱着急功近利的态度，现买现卖，其结果，异域的最有价值的东西便永远在视野之外。正如水中捕鱼，最大的鱼总在最深处，而浮游在水面的，不过是些小鱼小虾，要获取大鱼，不但要有探入深水的耐心，而且网具也须不同。而鲁迅认为，五四运动以后，虽然大量译介外国著作，引进异域思想观念，但却都停留在表面，是一种"买空卖空"。由于多年的买空卖空，作家们的精神也日见其空虚枯竭，文章的形式、技巧虽然比过去圆熟了，但内容却渐渐苍白、贫弱。鲁迅指出"用秕谷来养育青年，是决不会壮大的，将来的成就，且要更渺小"。在《由聋而哑》的最后，鲁迅疾呼："甘为泥土的作者和译者的奋斗，是已经到了万不可缓的时候了，这就是竭力运输些切实的精神的粮食，放在青年们的周围，一面将那些聋哑的制造者送回黑洞和朱门里面去。"

在国难声中，在救亡浪潮汹涌澎湃之际，鲁迅不但坚持五四新文化运动的启蒙精神，坚决捍卫五四新文化运动的成果，而且致力于矫正从五四时期延续下来的浮躁和急功近利之弊，努力把启蒙运动向更深层推进。鲁迅号召别人这样做，自己更身体力行。鲁迅晚年在上海，生活处境险恶，每时每刻都在不同程度地受着疾病的折磨，但他却总是在一种"要赶快做"的念头驱使下，毫不懈怠地写着、译着。外界任何事情，都不能动摇他的启蒙信念；外界的任何事情，都不能让他停下手中的笔。

鲁迅不但是一个学者，一个创作家，还是一个翻译家。作为翻译家的鲁迅的形象，在生命的最后十年是异常突出的。启蒙，是鲁迅毕生的事业；而启蒙的重要方式，便是把异域的新的思想观念，把异域的精神生活，介绍到中国来。这样，翻译便对启蒙有着重要的作用。在20世纪的中国，可以说鲁迅是对翻译事业最重视者之一。而且，在翻译上，他有两个独特的方面。一是注意介绍弱小民族的精神生活、思想行为。与只把眼睛盯着西方强国者不同，鲁迅早年在日本时，便留心搜寻被压迫民族的作品，并把它们译介给中国读者。因为他觉得弱小民族、被压迫民族与中国的境遇相同，因而对中国读者更具有现实针对性，更能促使中华民族反省和觉醒，更能激发中华民族的血性、热情和斗志。另一个方面，他希望通过翻译，改造汉语，从而最终改造中国人的思维方式。通常人们只把翻译当做介绍外国思想观念的一种方式，一种媒介，一种工具，因此，翻译应该尽可能通顺流畅，让中国人一看就懂，易于接受。而要做到这一点，就要把外国话翻译得最大限度地适合中国人的说话方式。翻译作品读起来像是读中国人写的一样，这才是最成功的翻译。这种看法，直到今天，也仍然极有市场。而鲁迅对这种翻译观念和翻译要求，持激烈的反对态度。他主张"直译"、"硬译"，甚至一字一句地对应式地翻译，宁可让人读起来费力一点，也决不迁就中国人原有的语言习惯。他之所以持这种主张，有两种理由。一是，他认为外国语言和汉语在句法结构等方面本来就差异甚大，如果一味迁就汉语习惯，以最大限度地合乎汉语原有的表达方式为最高标准，那原作的精神便要受到很大的损害和歪曲,尤其原文的语气,便无法传达出来。鲁迅曾举例说,"山背后太阳落下去了"与"日落山阴",虽然大意相同,而且后者更顺,但两者语气还是有差异的,前者以山为主,而后者则以太阳为主,两句话强调的东西并不一样。为了最大限度地保留原作的原汁原味,便应该最大限度地尊重原作的语言习惯、表述方式,一句话,既然是翻译,就应该让汉语迁就外语,而不是相反。而使得鲁迅极力主张"直译"、"硬译"、"宁信而不顺"的另一个理由,是借以使汉语得到改造,使汉语更细致精密,更富有表现力,更具有逻辑性。这也就意味着,在鲁迅那里,翻译并不仅仅是一种手段,而且本身便是目的。把外国语译成汉语,不仅仅是把外国人的思想、情感介绍给中国人,同时本身便是汉语自身的一种实验。或者说,翻译,不仅仅是把外国人的思想、情感介绍给中国人,同时也把外国人的语言方式,也就是产生这种思想、情感的方式,一并介绍给中国。打个比方,通常的翻译观念,是认为翻译便是把栽在外国的花草拔起来移栽到中国,而鲁迅对翻译的要求,则是尽可能地把那花草植根的土壤也一并挪移过来。正因为如此,鲁迅深恶那种称翻译为"媒婆"的说法,在他看来,翻译自身便是"新娘"。

对语言文字的问题,鲁迅晚年的重视程度丝毫不减当年。而使汉语言自身在句法构造等方面得到改造,某种意义上,也可以说是抓住了启蒙的根本,是一种"治本"之举。文言应该坚决废弃,而白话也绝非尽善尽美。白话也需更新、改造。复兴文言文的论调当然会遭到鲁迅的迎头痛击,而对白话的欧化现象横挑鼻子竖挑眼的做法,鲁迅也总是据理反驳,因为这等于杜绝了汉语更新改造之路。在写于1934年7月的《玩笑只当它玩笑(上)》中,鲁迅指出:"欧化文法的侵入中国白话中的大原因,并非因为好奇,乃是为了必要。国粹学家痛恨鬼子气,但他住在租界里,便会写些'霞飞路','麦特赫司脱路'那样的怪地名;评论者何尝要好奇,但他要说得精密,固有的白话不够用,便只得采些外国的句法。比较的难懂，不像茶淘饭似的可以一口吞下去是真的，但补这缺点的是精密。胡适先生登在《新青年》上的《易卜生主义》，比起近时的有些文艺论文来，的确容易懂，但我们不觉得它却又粗浅，笼统吗？"汉语的一定程度的欧化，不但是必要的，而且是有益的。且汉语本身便是在不断变化着的，不断受着其他语言的影响的。

鲁迅是语言大师，对汉语的驾驭、驱使能力，在现代中国可说无人能出其右。他如果要让自己的翻译铿锵上口，可以摇头晃脑地读，可以读起来像吃茶淘饭一样顺畅，那是太容易的事。然而不，他偏要让自己的翻译读起来很不顺，很拗口，就因为他在翻译中倾注着别样的苦心，就因为他在翻译上寄托着改造国人的认知习惯、思维方式这种最深层次的启蒙希望。而这一点，往往不被人所理解。例如梁实秋1929年在《论鲁迅先生的"硬译"》一文中，便说："我们人人都知道鲁迅先生的小说和杂感的文笔是何等简练流利，没有人能说鲁迅先生的文笔不济，但是他的翻译却离'死译'不远了。鲁迅先生前些年翻译的文字，例如厨川白村的《苦闷的象征》，还不是令人看不懂的东西，但是最近翻译的书似乎改变风格了。今年六月十五大江书铺出版的卢那卡尔斯基《艺术论》，今年十月水沫书店出版的卢那卡尔斯基《文艺与批评》，这两部书都是鲁迅先生近译……我读这两本书的时候真感觉文字的艰深。读这样的书，就如同看地图一般，要伸出手指来寻找句法的线索位置。"鲁迅在《"硬译"与"文学的阶级性"》中，反驳了梁实秋的指责。他举日本语为例，说日本语在翻译欧美著作的过程中，便使句法得到丰富。至于中国的文法，比日本的古文还要不完备，"然而也曾有些变迁，例如《史》《汉》不同于《书经》，现在的白话文又不同于《史》《汉》；有添造，例如唐译佛经，元译上谕，当时很有些'文法句法词法'，是生造的，一经习用，便不必伸出手指，就懂得了。现在又来了'外国文'，许多句子，即也须生造，——说得坏点，就是硬造。据我的经验，这样译来，较之化为几句，更能保存原来的精悍的语气……"

在翻译观念上，其时也只有瞿秋白才最是鲁迅的知音，最能理解鲁迅对翻译的一片苦心、一腔期待。在《二心集》里，收有瞿秋白和鲁迅之间的《关于翻译的通信》，写于两人尚未见面时。1931年11月间，鲁迅翻译的《毁灭》出版。精通俄文的瞿秋白在对照原著校读后，给鲁迅写了一封6千字的长信，信中说："你译的毁灭的出版，当然是中国文艺生活里面的极可纪念的事迹……你的译文，的确是非常忠实的，'决不欺骗读者'这一句话，绝不是广告！这也可见得一个诚挚，热心，为着光明而斗争的人，不能够不是刻苦而负责的。"出自瞿秋白之口的这种肯定，对鲁迅自然是一种安慰。信中，瞿秋白还表达了与鲁迅相同的翻译观："翻译——除出能够介绍原本的内容给中国读者之外——还有一个很重要的作用：就是帮助我们创造出新的中国的现代言语。中国的言语（文字）是那么穷乏，甚至于日常用品都是无名氏的。……翻译，的确可以帮助我们造出许多新的字眼．新的句法，丰富的字汇和细腻的精密的正确的表现。"读到这封信，鲁迅的心情是异常高兴的。一直孤独、寂寞，被误解、被诽谤的鲁迅，终于有了一个真正的知己。鲁迅和瞿秋白相处时间虽不长，但友情却那样深，实在不是没有理由的。

在给瞿秋白的复信中，鲁迅说："我是至今主张'宁信而不顺'的，……乃是说，不妨不像吃茶淘饭一样几口可以咽完，却必须费牙来嚼一嚼……这样的译本，不但在输入新的内容，也在输入新的表现法。中国的文或话，法子实在太不精密了，作文的秘诀，是在避去熟字，删掉虚字，就是好文章，讲话的时候，要时时词不达意，这就是话不够用，所以教员讲书，也必须借助于粉笔。这语法的不精密，就在证明思路的不精密，换一句话，就是脑筋有些糊涂。倘若永远用着糊涂话，即使读的时候，滔滔而下，但归根结底，所得的还是一个糊涂的影子。要医这病，我以为只好陆续吃一点苦，装进异样的句法，古的，外省外府的，外国的，后来便可以据为己有……"在鲁迅那里，翻译的根本目的，还在于改变中国人思路的不精密，还在于扭转中国人的脑筋的"糊涂"，——这当然是从根底上启蒙了。

虽然在思想启蒙和新的民族文化的重铸上，鲁迅心中有着一个远大的目标，但同时又是以一种不期必胜和不弃其小的精神在日复一日地劳作着。所谓不期必胜，即并不强求最后的成功，也即意味着，即便最终不能实现目标，即便全部心血、努力都白费，也不放弃心血的付出，也要一直努力下去。所谓不弃其小，则意味着意识到民众思想的启蒙、民族文化的重铸，绝非一朝一夕之功，它必须从一字一句、一点一滴做起。因而，需要有高水平的人，来做最基础、最琐屑、最细小的工作，这样日积月累，才可望有相应的成效。在1929年7月写的《叶永蓁作〈小小十年〉小引》中，鲁迅说过这样的话："志愿愈大，希望愈高，可以致力之处就愈少，可以自解之处也就愈多。"在思想启蒙和文化重铸上，志大才疏、眼高手低，"大事做不了，小事不肯做"，鲁迅认为是非常有害的。在写于1933年7月《大家降一级试试看》中，鲁迅指出，那时的书刊中之所以有许多错误，就是因为学术界文艺界中人，"大抵都比他的实力凭空跳高一级"之故，自己有能力做好的事不屑做，偏要去做那自己没有能力做的事，这样的人一多，便什么事都做不好。例如翻译作品之所以错误百出，原因之一，便是能译得更好的人，不肯做这种"用力多而获利少"的工作，去当本没有能力当的学者、教授去了，在讲坛上高谈这样那样的主义，谈得错误百出；而翻译工作便留给那些本只配在大学的课堂上好好用功的人去做，自然也就会做得错误百出了。这样的"错位"，便使得学术文化界的所有位置，都是不称职者在占据着。因此鲁迅呼吁大家都"降一级"。至于鲁迅自己，则是创作、翻译、校对、看稿、改稿，直到书刊的版式、插图，什么事都肯做。只要于中国有利，只要是思想启蒙和文化重铸所需，再琐碎细微的事，他都认认真真地做。

对外界的事情鲁迅虽然也很关注，但却并不因外界的任何事情而放下为思想启蒙和文化重铸所进行的劳作。风声、雨声、哭声、叫声、枪声、炮声，鲁迅都在倾听，都令鲁迅动心，但任何声音都不能让鲁迅离开他的书桌。东北的"九·一八"、上海的"一·二八"，都未能动摇鲁迅思想启蒙和文化重铸的信念，因为他相信，这是最根本的救亡之路。亲密的友人一个接一个地被杀害，鲁迅虽然感到悲哀、愤怒，但他总是很快振作起来，以更大的毅力从事着思想文化方面的工作。他知道，这才是对友人的最真切的纪念，也是为友人进行的最真实的复仇。

第四章 风高放火与振翅洒水

谈论鲁迅的晚年情怀，不能不说到他与以胡适为代表的中国现代自由主义知识分子的关系。

鲁迅与胡适确实有着多方面的可比性。而近几十年里，将二人放在一起谈论、比较者，也时有所见。当然，这些论者的视角、眼光和结论，往往是颇有差异的。从是否指名道姓地骂过蒋介石这一角度对鲁、胡二人进行比较，我也不止一次地从他人的口头或笔下见识过。这种比较的理路是，1927年后，鲁、胡二人都长期批评过国民党，但鲁迅却从未指名道姓地斥责过作为国民党"党魁"的蒋介石，而胡适则在有生之年多次这样做过。从这一事实，便能够"逻辑"地得出这样的结论：胡适比鲁迅更有勇气、更富于战斗精神、更不在乎一己安危；或者说，与胡适相比，鲁迅更世故、更善于自我保护、更胆怯懦弱。这种角度的比较，还是以这样的背景为前提的：过去数十年，我们一直强调"鲁迅的骨头是最硬的"，一直说鲁迅在与国民党政权的斗争中是"毫无畏惧"的，是"前脚跨出门去，后脚就不准备再跨进来"的，一直把鲁迅说成是"民族魂"；而对胡适，则加诸种种恶谥，说他是国民党的"走狗"，说他软弱妥协，说他稍遇压力便"宁弯不折"……而今天从是否指名道姓地骂过蒋介石这一角度对二人进行比较，则无疑有着"拨乱反正"、"把颠倒的历史重新颠倒过来"之意。

仅仅在是否指名道姓地骂过蒋介石这一点上做文章，殊是无谓。但这一问题确又是牵一发而动"二"身的那根"发"。从这一角度出发，深究下去，会接触到鲁、胡二人不同的政治观念、现实姿态等一系列大问题。

1927年4月南京国民政府的成立，是与对共产党的清洗同时进行的，或者说，"清党"，是南京政府真正的"开国大典"。对蒋介石的"清党"这一举动，鲁、胡二人就有着不同的态度。面对国民党的捕杀中共党人，鲁迅是惊讶、愤怒和痛恨，而胡适则表示了理解和支持。其时自欧美返国而在日本逗留的胡适，面对记者的采访，对国民党的"清党反共"发表了这样的看法："我这十个月在欧洲美洲，不知国内的详细情形。但我看最近的政变……蒋介石将军清党反共的举动能得到一班元老的支持。你们外国朋友也许不认得吴敬恒、蔡元培是什么人，但我知道这几个人，很佩服他们的见识与人格。这个新政府能得到这一班元老的支持，是站得住的。"同时，又表示："蔡元培、吴敬恒不是反动派，他们是倾向于无政府主义的自由论者，我向来敬重这几个人，他们的道义力量支持的政府，是可以得着我们的同情的。"胡适于1926年7月出国，在海外生活了10个月，对国内发生的事情所知不详。但他素来敬重、信任蔡元培、吴稚晖等前辈。当他得知蔡、吴诸元老都坚决主张蒋介石的"清党反共"，并支持南京国民政府后，便决定与他们取同一步调，表示也要在"道义"上支持这个政府。胡适对南京政府的这种最初的表态，也并非权宜之计或随便说说。实际上，他此后对这最初的表态从未后悔过，即便在他与蒋介石和国民党的冲突最严重时，也未悔初衷。可以说，在蒋介石的南京政府诞生之时，鲁迅和胡适就对之有着颇为相异的心态。鲁迅一开始就对蒋介石和南京政府持一种决绝的态度，更谈不上对之有什么希望和期待，换句话说，鲁迅一开始就以敌对的目光怒视着蒋介石对南京政府的缔造，一开始就把蒋介石和他的南京政府当做了不共戴天的仇敌，并且这样一种心态和姿态终生未改。胡适则一开始就对蒋介石和南京政府取支持和合作的态度，尽管这种支持和合作并非是无条件的，换句话说，胡适是以期待的目光注视着蒋介石对南京政府的缔造的，他对蒋介石和南京政府是怀有希望的，此后，这种期待和希望无论怎样受挫，胡适也没有让自己陷入对蒋介石和国民党的彻底绝望，因此，也不妨说，胡适对蒋介石和国民党的有条件的支持，也是持续终生的。

也许有人会说，既然鲁、胡二人对蒋介石和国民党的态度有如此差异，那指名道姓地骂蒋介石的，更应该是鲁迅而不是胡适——如果这样考虑问题，就过于皮相了。实际上，正因为鲁、胡二人对蒋介石和国民党的心态和姿态的不同，决定了他们在批评、指责蒋介石和国民党时采取了不同的方式。如果鲁迅真的不曾指名道姓地骂过蒋介石，那原因就在于他的敌对和决绝的心态与姿态，使得他难以在责骂蒋介石时指名道姓；而胡适之所以一次次地对蒋介石指名道姓地批评，也就正因为他对蒋介石和国民党还怀有希望和期待，还愿意有条件地对之支持和与之合作。

鲁迅对国民党的批评之尖锐、严厉，是人所共知的。应该说，他即便真如有人所说从未指名道姓地"骂"过蒋介石，也多次把矛头对准过蒋介石，只不过没有点出"蒋介石"这三个字而已。这里姑举一例。1933年4月10日的《申报·自由谈》上，发表了曹聚仁的《杀错了人》一文，其中说，在"革命"的过程中，"杀人"是难免的，但"革命杀人应该有标准，应该多杀中年以上的人，多杀代表旧势力的人。""可是中国每一回的革命，总是反了常态。许多青年因为参加革命运动，做了牺牲；革命进程中，旧势力一时躲开去，一些也不曾铲除掉；革命成功以后，旧势力重复涌了出来，又把青年来做牺牲品，杀了一大批。"因此，曹聚仁认为，这是"杀错了人"。鲁迅读了此文后，写了一篇《〈杀错了人〉异议》，发表于4月12日的《申报·自由谈》，文章从袁世凯为了"做皇帝"而大肆杀人，说到"现在的军阀混战"："他们打得你死我活，好像不共戴天似的，但到后来，只要一个'下野'了，也就会客客气气的，然而对于革命者呢，即使没有打过仗，也决不肯放过一个。他们知道得很清楚。""所以我想，中国革命的闹成这模样，并不是因为他们'杀错了人'，倒是因为我们看错了人。"明眼人一看便知，这里所谓"看错了人"，既指过去"看错"了袁世凯，更指现在"看错"了蒋介石。

不过，倘若具体地看，胡适对蒋介石的批评，的确往往比鲁迅更直接、更明白，指名道姓的公开批评，也不止一次。在1929年"人权运动"时期，他就几次点名批评了蒋介石。在《人权与约法》一文中列举国民党当局侵犯人权的事例时，就有事涉蒋介石本人的一例："如安徽大学的一个学长，因为语言上顶撞了蒋主席，遂被拘禁了多少天。他的家人朋友只能到处求情，决不能到任何法院去控告蒋主席。只能求情而不能控诉，这是人治，不是法治。"这是要将蒋介石也置于可控告之列，也就是强调要做到任何人都不能高踞于法律之上。又如，在《我们什么时候才可有宪法？》中，胡适写道："我们实在不懂这样一部约法或宪法何以不能和训政同时存在。我们必须要明白，宪法的大功用不但在于规定人民的权利，更重要的是规定政府各机关的权限。立一个根本大法，使政府的各机关不得逾越他们的法定权限，使他们不得侵犯人民的权利——这才是民主政治的训练。程度幼稚的民族，人民固然需要训练，政府也需要训练。人民需要'入塾读书'，然而蒋介石先生，冯玉祥先生，以至于许多长衫同志和小同志，生平不曾梦见共和政体是什么样子的，也不可不早日'入塾读书'罢？"胡适在这里强调的是民主政治的实行，需要训练。而需要接受这种训练的，不仅仅是人民大众。包括蒋介石在内的所有此前不懂民主政治的政府官员，更需要接受训练。这是要蒋介石在民主政治面前甘当小学生，老老实实地背起书包、坐进课堂，从 ABC 学起。

但胡适敢指名道姓地骂蒋介石而鲁迅不敢，就证明了胡适比鲁迅更勇敢、更无所畏惧、更富于批判精神吗？不！不能得出这样的结论！决定着胡适"敢"而鲁迅不"敢"的，不是个人的勇气、胆量、批判精神，而是别的一些更复杂的因素。

"做戏的虚无党"与"要一个政府"

要明白为何鲁迅不"敢"指名道姓地骂蒋介石而胡适却"敢",还得从二人迥然有异的政治观念谈起。

说到鲁迅的政治观念,实在很难归入既有的品类。鲁迅明显受过无政府主义思潮的影响,但也很难说他就是够格的无政府主义者。他实际上也并未宣称过信奉无政府主义,也没有积极地正面宣传过无政府主义的思想、观念。大概可以说,鲁迅对任何一种政治理论都是不能真正服膺的,对任何一种治理国家的政治方略都是不太感兴趣的。这源于鲁迅对"政治"本身的深刻怀疑。鲁迅毕生关注中华民族的生死存亡、荣辱兴衰,但却几乎不从国家政体、社会制度等政治层面去探索这一问题。他有着一个十分固执的观念,即只有最广大的中国人都觉醒了,只有大小小的阿Q、闰土们都被切切实实地启蒙了,中华民族才能屹立于世界民族之林,才能最终免于被欺侮、被凌辱的命运。如没有民智的真正开发,如没有民众的真正觉悟,则无论怎样现代的国家政体,无论怎样先进的政治制度，都不过是沙上的建筑、纸糊的衣冠。在这个意义上，不妨说鲁迅是一个"政治怀疑主义者"。曹聚仁在《鲁迅评传》里这样说到鲁迅的"政治观"："笔者自幼受了一句话的影响，这句话，出自《尚书》，叫做'毋求备于一夫'。…… 其意是说各人有各人的见识，各人有各人的特长，不能万物皆知，万物皆懂的；这么一想，我们对于鲁迅提不出积极的政治主张，也不必失望了。由于鲁迅的文字，富于感人的力量；我们读他的杂感，觉得十分痛快，所以对于他的政治观，也不十分去深求了。其实他带了浓重的虚无色彩，并不相信任何政党会有什么成就的。笔者的看法，和他有点相近；我认为政治的进步或落伍，和民智开发的进度有密切关系，至于其他，并不十分相干的。国民党把自己的三民主义说得天花乱坠，结果，国民政府的黑暗政治，比北洋军阀时代还不如，而贪污程度，远过于当年的交通系，对政治完全失望，也是民初人士所共同的。"

鲁迅之所以"提不出积极的政治主张"，与其说是力有所不逮，毋宁说是意有所不屑。既然对政治有着深深的怀疑，既然认定无论多么美妙的政治主张都不过是空谈，那当然也就不会自己再去提出什么政治主张了。在鲁迅看来，政治，尤其是中国的政治，都不过是"做戏"，各种各样的政客们，都不过是"做戏的虚无党"。在《马上支日记》中，鲁迅说："看看中国的一些人，至少是上等人，他们的对于神，宗教，传统的权威，是'信'和'从'呢，还是'怕'和'利用'？只要看他们的善于变化，毫无特操，是什么也不信从的，但总要摆出和内心两样的架子来。要寻虚无党，在中国实在很不少；和俄国的不同的处所，只在他们这么想，便这么说，这么做，我们的却虽然这么想，却是那么说，在后台这么做，到前台又那么做……。将这种特别人物，另称为'做戏的虚无党'或'体面的虚无党'以示区别罢"。对政界的"做戏"，鲁迅多次施以辛辣的嘲讽。这种政治如同"做戏"的观念之形成，原因当不只一种，而辛亥以后中国政局的动荡和混乱，应是促使鲁迅视政治如"做戏"的直接原因。这也正如他在《自选集》的自序中所说："见过辛亥革命，见过二次革命，见过袁世凯称帝，张勋复辟，看来看去，就看得怀疑起来，于是失望，颓唐得很了。"

鲁迅的政治观，或者说鲁迅视政治如"做戏"的观念，在写于1933年4月的《现代史》一文中，表现得最直接最典型。文章虽名曰"现代史"，却通篇写的是街头的"变戏法"。在描写了街头空地上的几种骗人的把戏后，鲁迅说：

这空地上，暂时是沉寂了。过了些时，就又来这一套。俗语说，"戏法人人会变，各有巧妙不同。"其实是许多年间，总是这一套，也总有人看，总有人Huazaa，不过其间必须经过沉寂的几日。

我的话说完了，意思也浅得很，不过说大家Huazaa Huazaa一通之后，又要静几天了，然后再来这一套。

到这里我才记得写错了题目，这真是成了"不死不活"的东西。

按照表面的文章，题目自然应该定为"变戏法"，因为并没有一字一句提到"现代史"。而之所以把"变戏法"三字"错"写成"现代史"，就因为在鲁迅看来，一部现代史，无非是变戏法而已。对政治的这种深刻怀疑，使得鲁迅不对"政治家"寄予任何希望，也不认为政治制度的变革和建设有什么实质作用。而胡适则不同。胡适虽然也重视启蒙，也终生花大气力做改造国人深层的思想意识、价值观念的工作，但他并不把思想文化方面的启蒙视做是唯一值得做的事情，也不把它与政治制度的革新对立起来，不在二者之间有所偏废。在胡适看来，思想文化方面的启蒙是重要的，国人深层的心理、意识、观念的改造是重要的，但现实的政治操作层面的变革同样是刻不容缓的。所以胡适也对政治层面的建设投以巨大的热情。如果说鲁迅建设性的努力只用于思想文化方面的启蒙，对现行政治则只是冷嘲热讽，自己并没有什么正面的意见要表达，并没有什么"主义"要宣传，那胡适则在两方面都正面地、建设性地用力。

而胡适之所以在现行政治层面也能够满怀热情地做出正面的建设性的努力，就因为他有正面的建设性的政治信念在驱使，就因为他有深信不疑的"主义"要宣传。必须走英美式的宪政民主的政治之路，必须在中国全面废除人治而实行法治，必须终止由当政者随心所欲的"变戏法"一般的政治操作而走向"有计划的政治"，必须切实保障人权，必须允许反对党的存在，等等，这就是驱使胡适采取正面的建设性的政治行动的信念，这也是胡适所要宣传的"主义"。胡适的信念，胡适的"主义"，也就是通常所说的英美式自由主义政治理念。

而胡适之所以能有如此坚定的政治信念和执著信奉的"主义"，就因为他相信现行政治层面的改革和建设，不是可有可无的，不是无关宏旨的。他深信"有政府"与"无政府"、"好政府"与"鸟政府"（"鸟政府"亦为胡适诗《双十节的鬼歌》中用语），是有着根本的区别的。胡适十分重视思想文化方面的启蒙，但却不能认同那种只有民众的思想文化素质都提高到了必要的程度才有可能从事制度建设的观念。胡适是"政治工具主义者"，即把政治看做是治理国家的一种必要的工具。"有政府"与"无政府"、"好政府"与"鸟政府"的区别，也就是"有工具"与"无工具"、"好工具"与"鸟工具"的区别。"工欲善其事，必先利其器"。要国家富强、要民众安乐，首先要把"政治"这件工具打磨好，用胡适惯常的说法，就是政治要"上轨道"。从当时到现在，都有许多人认为，有了再好的工具，而从政府官员到广大民众，都不懂得这工具的性能、都不能够合理地使用这工具，那也是白搭。而胡适则认为，要让从政府官员到广大民众都真正理解和善于运用好的工具，就必须先有这工具。也许一开始大家都不能正确地理解和运用这工具，但在对这工具的使用过程中，渐渐地就能理解得准确和使用得合理。在前面曾引用了胡适《我们什么时候才可有宪法？》中对民主政治需要训练的强调。胡适认为，要走向法治，要实行民主，必须首先要打造出一部宪法，然后从蒋介石、冯玉祥到广大民众，才可能知道什么叫权利、什么叫义务，才有可能慢慢学会守法用法。类似的观点，胡适一生多次"宣传"过。例如，早在1922年8月为《努力周报》写的《这一周》中，胡适就说：

我们要明白：民治主义是一种信仰。信仰的是什么呢？第一，信仰国民至多可以受欺于一时，而不能受欺于永久。第二，信仰制度法律的改密可以范围人心，而人心受了法制的训练，更可以维持法治。第三，民治的本身就是一种公民教育。给他一票，他今天也许拿去做买卖，但将来总有不肯卖票的一日；但是你若不给他一票，他现在虽没有卖票的机会，将来也没有不卖票的本事了。

若因为"组织未备，锻炼未成"，就不敢实行民治，那就等于因为怕小孩子跌倒就不叫他学走了。学走是免跌的唯一法子，民治是"锻炼"民治的唯一法子！

……

胡适强调，必须在民治中学会民治，必须在对工具的使用中学会对工具的使用。胡适相信，制度本身具有着教育功能，它能引导、训练官员和民众逐步理解它和运用它。若说必须等到官员民众都真正理解了一种制度后才去建设这种制度，那就如说必须先学会了游泳才能下水一样荒谬。

通常都说胡适是"好政府主义者"。其实，胡适首先是一个"有政府主义者"。"好政府"是针对"鸟政府"而言的。但倘若连一个"鸟政府"都没有，倘若社会陷入某种形态的"无政府"状态，那所谓"好政府"就更无从谈起。在这种情形下，只得先争取有一个"政府"。所以，"有政府"是针对"无政府"而言的。在1921年6月18日的日记中，胡适写道："现在的少年人把无政府主义看做一种时髦东西，这是大错的。我们现在决不可乱谈无政府，我们应该谈有政府主义，应该谈好政府主义！"在胡适眼里，国民党当年的"一党专政"、"以党代政"，也是一种"无政府"。"政党"是"政党"，"政府"是"政府"，这二者决不能混为一谈。若是只有"政党"的无上权威，"政府"绝对听命于"政党"，那就是"政治不上轨道"，就是"无政府"。也正是基于这种认识，在1930年9月3日的日记中，胡适又写道："民国十一年，我们发表一个政治主张，要一个'好政府'。现在——民国十九年——如果我再发表一个政治主张，我愿意再让一步，把'好'字去了，只要一个'政府'。"

如果说鲁迅多多少少有一点"无政府主义"的色彩，那胡适则绝对是一个"有政府主义"者；如果说在鲁迅看来政府换来换去都如同"变戏法"，一种形式的政府取代另一种形式的政府，也不过是"招牌虽换，货色照旧"，那在胡适看来，不同形式的政府差别甚大，打造一个"好政府"则至关重要。

鲁、胡二人不同的政治观念和政治态度，决定了他们在国民党一统天下后，对之必然怀有不同的心态和采取不同的姿态。

"试看最后到底是谁灭亡"与"救得一弊是一利"

作为"政治怀疑主义者"的鲁迅，对任何政党都不会很信任，对任何政府都不会很拥护。鲁迅所谓的"现代史"，无非就是民国以来的历史。而鲁迅身历的民国史，由北洋军阀当政和国民党当政两个时期构成。对北洋政府，鲁迅是极为不满的，从《记念刘和珍君》等北京时期写下的众多文章中，我们能感受到鲁迅对北洋政府的强烈痛恨。但鲁迅对国民党政权的痛恨却更其甚于北洋政府。1927年国民党的"清党"，使鲁迅"目瞪口呆"，从此他就对国民党怒目而视。增田涉在《鲁迅传》中，鲁迅明确表达过对国民党"清党"的不能接受，并且说："在这一点上，旧式军阀为人还老实点，他们一开始就不容共产党，始终坚守他们的主义。他们的主义是不招人喜欢的，所以只要你不靠近它、反抗它就行了。而国民党采取的办法简直是欺骗；杀人的方法更加狠毒。……打那以来，对于骗人做屠杀材料的国民党，我怎么也感到厌恶，总是觉得可恨。他们杀了我的许多学生。"这样一种对国民党的分外痛恨和敌视，使得鲁迅不可能与之有任何政治性的合作。鲁迅甚至是以渴盼的心情等着国民党政权的垮台的。在1933年7月11日致日本友人山本初枝的信中，鲁迅说："日本风景美丽，时常怀念，但看来很难成行。即使去，恐怕也不会让我登陆。更重要的是，我现在也不能离开中国。倘用暗杀就可以把人吓倒，暗杀者就会更加嚣张起来。他们造谣，说我已逃到青岛，我更非住在上海不可，并且写文章骂他们，试看最后到底是谁灭亡。"

对国民党，胡适其实也是相当不满的。早在1922年8月为《努力周报》写的《这一周》中，胡适就对国民党做出了尖锐的批评。陈炯明与孙中山发生冲突后，一些孙派的国民党人便指责陈炯明"悖主"、"叛逆"、"犯上"。胡适特别不能容忍这种指责，斥之为"旧道德的死尸的复活"："我们试问，在一个共和的国家里，什么叫做悖主？什么叫做犯上？至于叛逆，究竟怎样的行为是革命？怎样的行为是叛逆？蔡锷推倒袁世凯，是不是叛逆？吴佩孚推倒段其瑞，是不是叛逆？吴佩孚赶走徐世昌，是不是叛逆？若依孙派的人的伦理见解，不但陈炯明不应该推翻孙文，吴佩孚也不应该推翻段其瑞与徐世昌了；不但如此，依同样的论理，陈炯明应该永远做孙文的忠臣，吴佩孚也应该永远做曹锟的忠臣了。我们并不是替陈炯明辩护；陈派的军人这一次赶走孙文的行为，也许有可以攻击的地方；但我们反对那些人抬出'悖主'、'犯上'、'叛逆'等等旧道德的死尸来做攻击陈炯明的武器。"胡适强调的是：陈炯明的反孙行为本身是否合理是一回事，他的行为是否可称为"悖主"、"犯上"、"叛逆"则是另一回事；即便陈的行为是可指责的，在一个共和的国家里，也不能认为这种行为是什么"悖主"、"犯上"、"叛逆"。胡适进一步指出，在国民党内之所以会有这种"旧道德的死尸的复活"，乃是因为孙中山是"用秘密结社的方式办政党"，因而国民党根基太坏：

同盟会是一种秘密结社，国民党是一种公开的政党，中华革命党和新国民党都是政党而带着秘密结社的办法的。在一个公开的政党里，党员为政见上的结合，合则留，不合则散，本是常事；在变态的社会里，政治不曾上轨道，政见上的冲突也许酿成武装的革命，这也是意中的事。但此次孙陈的冲突却不如此简单。孙文鉴于国民党的失败，仍旧想恢复秘密结社的法子来组政党。因为陈炯明是新国民党的党员，不曾脱党，而攻击党魁，故用秘密结社的道德标准看起来，陈炯明自然是叛党的罪人了。陈氏至今不敢发一个负责任的宣言，大概也是为了这个缘故。我们旁观的人只看见一个实力派与一个实力派决裂了，故认作一种革命的行动，而在孙氏一派人的眼里，只见得一个宣过誓的党员攻击他应该服从的党魁，故抬出"叛逆"、"叛弑"等等旧名词来打他。这是我们现在的观察。

胡适对国民党的这种"骂"，应该说是相当尖锐的，这等于是在掘祖坟。在严厉地批评国民党，在与国民党发生尖锐冲突这一点上，胡适其实比鲁迅早得多。既然国民党根基很坏，那在南京政府成立、国民党掌握统治大权后，胡适与它的冲突就是不可避免的。南京政府1927年成立，1929年胡适等自由主义知识分子就掀起了一场批判国民党的"人权运动"。在某种意义上，胡适1929年对国民党的批判，是1922年对国民党批判的继续。当然，1929年的批判，声势要浩大得多，批判的面也广得多。

然而，胡适即便如鲁迅一样对国民党政权满怀痛恨和敌视，他也不会如鲁迅一样盼望这个政权尽快"灭亡"，更不会认同以暴力革命的方式推翻它。这里就显出"政治怀疑主义"与"政治工具主义"的区别。在胡适看来，国民党政权虽是一件并不理想的"工具"，但在中国当时的情况下，若以暴力的手段摧毁这件"工具"，取而代之的"工具"未必就更理想，而国家民族却要付出血流成河的惨重代价。在社会的进步、国家的富强、民族的振兴上，胡适是不相信有什么一蹴而就的方法的，他只相信"一点一滴的改良"，而不相信任何人能有一夜之间真正扭转乾坤的神力。所以对于以暴力的方式解决政治问题，他倒是有着深深的怀疑："我们是不承认政治上有什么根本解决的。世界上两个大革命，一个法国革命，一个俄国革命，表面上可算是根本解决了，然而骨子里总逃不了那枝枝节节的具体问题；虽然快意一时，震动百世，而法国与俄国终不能不应付那一点一滴的问题。"

既然以暴力的方式摧毁这件"工具"并不可取，那怎么办呢？胡适的回答是：一点一滴地改造它。胡适在强调暴力革命不能真正解决问题的同时，也强调："我们应该把平常对政治的大奢望暂时收起，只存一个'得尺进尺，得寸进寸'的希望，然后可以冷静地估量那现实的政治上的变迁。"这也清楚地表明，胡适认为，唯一可行的，是以渐进的方式，一寸一尺地把"秘密结社"和江湖帮会式的国民党改造成现代民主政党，把中国改良成现代民主国家。这种观念，也就决定了胡适与国民党政权之间必然是那种既合作又对抗的关系。改造的前提是保存。如果这个"工具"从根本上被摧毁了，所谓"得尺进尺，得寸进寸"的"希望"也就无所附丽。所以，在国民党政权面临生死存亡时，胡适会从"道义"上支持它。改造还意味着要接近它、接触它、与它保持必要的"合作"，若是一味地疏离、回避、对抗，所谓"改造"也就无从谈起。当然，改造更意味着批判指责，意味着从正面提出要求，这同时也就意味着一种经常性的对抗。"合作"是手段，"改造"是目的，而没有"对抗"也就无所谓"改造"。从1927年南京政府成立，到1962年胡适与世长辞，胡适与国民党之间的关系，都可用"合作与对抗"来概括。

我们知道，鲁迅是怀着"试看最后到底是谁灭亡"的心态与国民党"战斗"的，而胡适则是怀着"补偏救弊"的目的对国民党进行批判、指责的。在"人权运动"爆发后的 1929 年 7 月 2 日，胡适在日记中写道："我们的态度是'修正'的态度，我们不问谁在台上，只希望做点补偏救弊的工作。补得一分是一分，救得一弊是一利。"驱使鲁、胡二人批判国民党的不同心态，也决定着他们必然采取不同的批判方式。

"最好闭嘴"与"想想国家的重要问题"

鲁、胡二人对国民党的批判,在方式上表现出鲜明的差异。

鲁迅惯用杂文这种文体进行批判,通常都很短小、凝练。而胡适则通常是用长篇论说文的方式表达自己的见解。这种不同文体的选择,除了其他一些主客观原因外,恐怕也因为二人在政治学的理论修养上相差很大。鲁迅那些针砭现实政治的文章,之所以都写得短小精悍,也因为他其实不可能洋洋洒洒、长篇大论地谈论政治问题。说得直白些,鲁迅缺乏对政治问题进行刨根究底、瞻前顾后地分析、评说的理论修养(当然,他也不屑于具备这种修养)。而胡适几乎从不纯感性、纯直观地谈论政治问题,他总要依据自己的信念、自己的"主义"、自己的政治理论修养,并且还依据自己在美国对民主政治的目睹和参与,来对中国的政治问题展开论述,来表达自己的褒贬臧否。在这个意义上,胡适那些谈论政治问题的文章,是标准的"政论",而鲁迅那些谈论政治问题的杂文,则不宜称做"政论"(当然,他也不屑于这种称呼)。

对于现实政治问题，鲁迅总是从反面出击，往往是"攻其一点，不及其余"，抓住要害，一针见血。而且总是以嘲讽为基调的。鲁迅止于对现状的冷嘲热讽，却并不对应该如何发表正面的看法。当年，在与自由主义者的争论中，梁实秋曾写了《"不满于现状"，便怎样呢？》一文，其中说："现在有智识的人（尤其是夙来有'前驱者''权威''先进'的徽号的人），他们的责任不仅仅是冷讥热嘲地发表一点'不满于现实'的杂感而已，他们应该更进一步的诚诚恳恳地去求一个积极医治'现实'的药方。"梁实秋要求知识精英不要止于对现实的"冷讥热嘲"，而要正面地发表积极的、建设性的意见。这种要求首先是针对鲁迅的杂感而发的。对此。鲁迅在《"好政府主义"》中的回答是："被压榨得痛了，就要叫喊，原不必在想出更好的主义之前，就定要咬住牙关。"说没有正面的意见要表达，就不能对现状表示不满，这固然荒谬。但时刻对现状感到不满的鲁迅本没有多少正面的意见要表达，却也是真的。鲁迅之所以在谈论政治现状时总是从反面出击，也因为他无法从正面发表政治意见（当然，他也不屑于正面地发表政治意见）。鲁迅没有政治上的"信念"要坚守，没有政治上的"主义"要宣传，所以，从反面谈论政治问题，也是极自然的选择。而从反面谈论问题，言必嘲讽也是难以避免的。鲁迅在给许广平的信中也曾有这样的夫子自道："我……好作短文，好用反语，每遇辩论，辄不管三七二十一，就迎头一击。"好用反语，固然有性情、气质方面的原因，但本就没有坚定而系统的正面意见要表达，恐也是原因之一种吧。而胡适则不同。胡适对中国的政治，有一整套现实的设计，甚至有短期、中期和长期等不同时段的目标规划。这也使得胡适有可能总是从正面对国民党的政治提出批评；总是不但指出国民党做得不对，还指出为何做得不对，更详细地指出怎样做才对。正面的建设性的批评再尖锐，给听者的感觉也与反面的嘲讽是大不一样的。

鲁、胡二人的批判还有一点不同，也许也值得一说。这就是，鲁迅是不断地变换笔名发表自己的文章，而胡适则始终坚持用真名实姓。鲁迅频繁地变更文章的署名，自有不得已的理由，这里也并无说鲁迅不该如此之意。但这在客观上也毕竟与胡适形成一种对照。胡适是把是否以真姓名发表言论视做一个原则问题的。在 1931 年 1 月 15 日致蒋介石侍从室主任陈布雷的信中，胡适这样评说《新月》的"人权运动"："《新月》在今日舆论界所贡献者，唯在以真姓名发表负责任的文字。此例自我提倡出来，我们自信无犯罪之理。所谓'负责任'者，我们对于发表言论，完全负法律上的责任……此类负责任的言论，无论在任何文明国家之中皆宜任其自由发表，不可加以压迫。若政府不许人民用真姓名负责发表言论，则人民必走向匿名攻讦或阴谋叛逆之路上去。"胡明先生在《胡适传论》中说，到了 1959 年，胡适还对台湾的《自由中国》杂志提出了这样的要求："必须用真姓名、真地址，否则一概不予登载。"鲁迅不断地更换笔名自有他的苦衷，而胡适坚持用真姓名也自有他的理由。这里不对二者做出孰是孰非的评说，只指出：一篇用笔名写的批判文章，与一篇用真姓名写的批判文章，给人的感觉也是两样的。

在文章的整体风格上，鲁迅以尖锐、泼辣著称。他对杂文的要求是应该如匕首和投枪，应该能"一击致敌于死命"。他自己的杂文当然是这方面的典范。郁达夫在《中国新文学大系·散文二集·导言》中，说鲁迅的文章"简炼得象一把匕首，能以寸铁杀人，一刀见血。"这说出的是鲁迅读者的普遍感受，当然也是国民党当局对鲁迅文章的感受。而胡适作文追求的是平易畅达，怎样才能最清楚明白地表达他的见解、宣传他的"主义"，他就怎样写。即便同样是对国民党的严厉批评，如果说鲁迅给人的感觉是总如"寸铁杀人"的匕首，那最严厉时的胡适，也只是像手术刀。同是利器，匕首和手术刀也让人产生完全不同的感觉。再锈钝的匕首，也是杀人的"凶器"，因而也让人感到一种寒冽、一份恐惧；而再锋利的手术刀，也是救人的工具，因而也总让人感到一种慈爱、一份温情。鲁、胡二人批评现实的文章，的确有"杀人"与"救人"、"放火"与"灭火"之别。在《花边文学》的"前记"里，针对《申报·自由谈》"吁请海内文豪，从兹多谈风月"的启事，鲁迅写道："谈风云的人，风月也谈得"，而"想从一个题目限制了作家，其实是不能够的。……'月白风清，如此良夜何？'好的，风雅之至，举手赞成。但同是涉及风月的'月黑杀人夜，风高放火天'呢，这不明明是一联古诗么？"鲁迅的意思是，像他这样谈惯了"风云"的人，即便只能谈"风月"，也照样可以谈出刀光剑影，照样可以谈得烈焰灼人。有趣的是，在"人权运动"遭到打压后，胡适也用一则古典表明过心迹。1929年12月，胡适将"人权运动"中的文章集为《人权论集》出版，并在序言中说："我们所要建立的是批评国民党的自由和批评孙中山的自由。上帝我们尚且可以批评，何况国民党与孙中山？"又写道：

周栎园《书影》里有一则很有意味的故事：
昔有鹦鹉飞集陀山。山中大火，鹦鹉遥见，入水濡羽，飞而洒之。天神言：'尔虽有志意，何足云也？'对曰：'尝侨居是山，不忍见耳。'
今天正是大火的时候，我们骨头烧成灰终究是中国人，实在不忍袖手旁观。我们明知小小的翅膀上滴下的水点未必能救火，我们不过尽我们的一点微弱的力量，减少良心上的一点谴责而已。"

当鲁迅手中的匕首寒光闪闪时，胡适则充其量拿着一柄手术刀；当鲁迅总想着"月黑杀人"、"风高放火"时，胡适想的是"入水濡羽，飞而洒之"。写到这里，可以来谈谈鲁迅不"敢"指名道姓地骂蒋介石而胡适却"敢"的一种原因了。

既然鲁、胡二人批评国民党的心态大不一样，采取的方式和想要达到的目的也极为有异，那国民党当局对待二人的心态以及采取的方

胡适（1891～1962），现代著名学者、诗人、历史学家、文学家、哲学家。

《新月》杂志月刊第一卷第一号，1928年3月由徐志摩、罗隆基、胡适、梁实秋等任编辑。

式和要达到的目的也就极为不同。从鲁迅的文字里，当局只感到浓重的敌意和杀气，而体会不到丝毫"善意"和"好心"。能将鲁迅声音彻底封杀固然好，不能做到这一点，也应该把鲁迅的刀光剑气控制在一定的限度。1930年春，国民党的浙江省党部对鲁迅的所谓"通缉"，就是一件颇有意味的事。鲁迅就在上海，要抓他易如反掌，本用不着"通缉"；而且，鲁迅在上海活动，却由浙江省党部来"通缉"，也很滑稽。这说明，国民党当局不到万不得已，不会真的逮捕鲁迅从而使自己陷入被动。"通缉令"只是警告鲁迅不要太过分，要注意言行的分寸。以鲁迅的敏锐和精明，对这种用意是十分明了的。内山完造在《鲁迅先生》中回忆说，鲁迅曾对他表示，"通缉令"其实是不要紧的，如果真要抓人，就不下什么"通缉令"了；这只是在警告你：你有点讨厌，"最好闭

郁达夫（1896～1945），现代著名小说家、散文家。

郁达夫赠鲁迅的诗句。

嘴"，如此而已。我们知道，鲁迅向来反对"赤膊上阵"，反对快意一时却输光老本的牺牲，他主张"壕堑战"，主张在保存自己前提下的"韧性的战斗"。所以，对于当局以"通缉"方式发出的警告，他不会毫不介意。曹聚仁在《鲁迅评传》曾这样说到鲁迅："我以为他是坐在坦克车里作战的，他先要保护起自己来，再用猛烈火力作战，它爬得很慢，但是压力很重。……毕竟他是绍兴师爷的天地中出来，每下一着棋，都有其谋略的。"仅仅明白当局在警告自己要注意分寸还不够，还要明白这"分寸"到底在哪里。而我以为，不指名道姓地公开批评蒋介石，就是鲁迅所理解的一种"分寸"，一种"限度"。在鲁迅看来，如果自己指名道姓地公开骂蒋介石，当局就不得不采取某种实际的行动，即便不捕不杀，也要让自己在国内无立足之地，至少在上海不能安身。鲁迅与李立三会面并不欢而散，由于冯雪峰、周建人等在回忆中都写到，已为人所熟知。1930年5月7日晚，鲁迅应时任中共中央宣传部长李立三之约，往爵禄饭店与李会面。李立三对鲁迅提出了这样的要求："你在社会上是知名人物,有很大影响。我希望你用周树人的真名写一篇文章,痛骂一下蒋介石。"鲁迅当即回绝:"文章是很容易写的。不过,我用真名一发表文章,在上海就无法住下去,只能到外国去当寓公。"可见,在鲁迅看来,一旦用真名发表过于激烈、过于直白、指名道姓地骂蒋介石的文章,就越过了当局的容忍限度,就等于是跳出了"壕堑"、爬出了"坦克车",就是在"赤膊上阵"。而不愿意走到这一步,也是符合鲁迅一贯的处世方式的。

国民党当局对待胡适的态度就是另一种样子了。在"人权运动"中,当胡适对国民党提出尖锐的批评,甚至指名道姓地责骂蒋介石时,国民党内当然也是群情激愤,尤其一些中下层党徒更是咬牙切齿,纷纷呈请"辑办"胡适,甚至必欲食肉寝皮而后快,并掀起了一阵围剿胡适的言论狂潮,把"反革命"、"反党"、"反动"、"帝国主义的走狗"等种种帽子一股脑儿地扣到胡适头上。国民政府也饬令教育部出面"警告"胡适,并迫使胡适辞去中国公学校长一职,离开了上海。从这一方面来看,当局对胡适们的批评也是压制得十分厉害的,以至于曹聚仁在《鲁迅评传》中认为"胡适的处境在那时期,并不比鲁迅更自由些"。但胡适与当局的严重对立并受到当局的大力打压,只是事情的一个方面。在另一方面,即便在胡适与当局的冲突最紧张时,他也与当局的核心层之间有着一种"感应"与"对流"。沈寂在《论胡适与蒋介石的关系》一文中,对此一方面的情况论述较详。下面参照沈寂文章,聊举三例:

其一、胡适1929年5月发表《人权与约法》一文,要求"快快制定约法以确定法治基础!""快快制定约法以保障人权!"国民党6月间召开的三届二中全会所公布的"治权行使之规律案"第二项即规定:"人民之生命财产与身体之自由,皆受法律之保障,非经合法程序,不得剥夺……"这里强调了政府执法是为了"保障人权",等于在一定程度上接受了胡适建议的实质。所以胡适在6月19日的日记中说国民党此举"与我的《人权约法》一文有关"。

其二、胡适在1929"人权运动"中发表了《新文化运动与国民党》的长文,从文化复古、压制思想自由等方面论证了国民党的"反动"。胡适说:"我们至少要期望一个革命政府成立之日就宣布一切法令公文都改用国语(引按:在此即指白话文)。……但是国民党当国已近两年了,到了今日,我们还不得不读骈文的函电,古文的宣言,文言的日报,文言的法令!"并指出"至少从新文化运动的立场看来,国民党是反动的"。文章最后要求"废止一切'鬼话文'的公文法令,改用国语。""通令全国日报,新闻论说一律改用白话。"胡适此文语气激昂,大有戟指怒斥之态。而1930年2月,教育部即奉国民党中执会指令,通令全国厉行国语教育。而且通令本身也不再用胡适所谓的"鬼话文"而改用了白话文。按沈寂先生的说法,"这个通令全国厉行国语教育的举动,无疑也是国民政府对《新文化运动与国民党》一文所作出的反应。"

1936年2月,上海,鲁迅应内山完造之邀会面时场景。

其三、胡适对国民党当局的批评，或者说，胡适对国民党政治的"改造"，不但以公开发表文章的方式，也以直接"上书"的方式进行。胡适常常直接致信包括蒋介石在内的国民党要人，对他们的言行直言指责，并正面提出应该如何的意见（在这一点上，胡适也与鲁迅显出重大差别。）而他的意见也时被某种程度地采纳。1934年4月4日，胡适托人带给蒋介石一封信，要求蒋"明定自己的职权，不得越权侵官，用全力专做自己权限以内的事"。并说："名为总揽万机，实则自居下流，天下之恶皆归之。"据沈寂先生研究，胡适的"这一直谏几天以后即起了效应"：中央社9日电，报道蒋介石的一个解释："日前手令出版物封面，非必要不得用外国文字年号"事，他说该手令是"命令行营政训工作人员"的，"而政训处竟送中央全委通令全国，实属荒谬。我蒋介石非中央党部，非政府。我的手令如何能给中央宣委会，且通令全国，岂非笑话。望职员以后办事，务请认清系统，明白手续，方能为在上者分劳，不致将事办错云！"胡适对此事的评说是："各报所载文字相同，可见是他有意发表的，此事可见他知错能改过。只可惜他没有诤友肯时时指摘。"（1934年4月10日日记）。而沈寂先生这样评说胡适对蒋的评说："这细小的纳谏，增强了胡适的信心。所以胡适处处维护这个政权。当有人起来反蒋时，他就说：'今日无论什么金字招牌，都不能减轻掀动内战，危害民国之大责任。'甚至说'我们不反对一个中央政府用全力戡定叛乱'。"

胡适对国民党和蒋介石的"骂"，能在一定程度上为对方所接受，说明以蒋介石"为核心"的国民党最上层，对胡适的"骂"并未采取全面排斥的态度。这当然不是说，当局对胡适言论的容忍就是无限度的。我们知道，对国民党政权，胡适的态度是保存、合作、对抗。保存，即意味着反对旨在推翻这个政权的任何行为，尤其是暴力行为，说得具体说，即意味着当共产党的"暴力革命"令蒋介石头痛万分时，胡适坚决站在了蒋政权一边,以自己的"道义力量"支持着它。这是胡适自定的底线。而这也是当局对胡适容忍的限度。在这个限度以内,胡适的"骂"再尖锐激烈,也能让当局感到一种"善意",一片"苦心"。以蒋介石"为核心"的国民党最高当局,虽然也必然时时感到胡适的"忠言"很"逆耳",但他们同时也十分清楚,这毕竟是"忠言",不能与鲁迅寒光闪闪的"匕首投枪"混为一谈。这样,即便胡适的言论"过火"些,甚至不时指名道姓地批评了蒋介石,蒋介石和最高当局也能容忍了。当然,这里的所谓"容忍",是指不采取通缉、逮捕、暗杀等措施,至于默许甚至怂恿中下层党徒和报刊对胡适进行攻击、谩骂,甚至指使有关职能部门出面对胡适发出"警告",就是另一回事了。

以蒋介石为首的国民党当局,能在相当程度上容忍胡适的批评,当然也与胡适的批评总是从正面出发,总是能提出积极的建设性的意见有很大关系。对于胡适的正面意见,以蒋介石为首的党国要人,通常表现出很重视的姿态。沈寂在文章中说,"人权运动"时期,就在中下层党徒对胡适表现出忍无可忍的激愤时,"国舅"宋子文却约胡适晤谈,请胡适代他们"想想国家的重要问题"(在后来的生涯中,胡适与蒋介石等当政要人直接对话沟通、当面建言献策,更成一种常事。蒋介石们这样做,有作秀的成分,也有争取胡适们支持的用心,当然,也不无听取意见的诚意。

鲁迅为何不"敢"指名道姓地骂蒋介石,解释起来比较容易。而胡适为何"敢"这样做,要说清楚则稍稍困难些,因为胡适与国民党政权的关系,较之鲁迅要复杂得多。国民党内部并非铁板一块,有不同观念的矛盾和较量,有不同派系的明争或暗斗。而胡适们之所以能尖锐激烈地批评国民党,甚至"敢"指名道姓地骂蒋介石,也在某种程度上借助了国民党内部的思想和权力纷争,正如沈卫威先生在《自由守望——胡适派文人引论》中所说,"是钻当局的空隙,利用了国民党内部的矛盾"。(23)沈卫威的书中,对"《新月》背后的政治关系"有精彩的分析,在此就不赘述。

我知道,我并没有把鲁迅的不"敢"和胡适的"敢"说清楚。好在我真正关心的,也不是这个很具体的问题,而是鲁、胡两个同时代有巨大影响的知识分子不同的现实姿态和政治取向。——这个问题要说清楚,就更不容易了。

"从血泊里寻出闲适来"

在20世纪30年代,也有一些被称做"自由主义知识分子"的人,干脆放弃对社会现实的关心,把自己从历史中分离出来,不再试图参与和干预历史的进程,而力图在刀光火色的现实中保持一种消极的个体自由。这部分人主要集中在文学界。他们要在纷乱的十字街头筑起一座象牙塔,隐士般地躲在里面写一些纯粹抒发私人感受、性情的文字,不再幻想对现实有任何影响。他们把门窗紧闭,把风声和雨声、革命声与反革命声都关在外边。这一部分人的首席代表则是周作人。

下面,引几段周作人在30年代的话:

> 我很惭愧老是那么热心、积极,又是在已经略略知道之后,难道相信天下真有"奇迹"么?其实是大错而特错也。以后应当努力,用心写文章,莫管人家鸟事,且谈草木虫鱼,要紧要紧。(《苦茶随笔·后记》)

这一年过去了,没有能够消极一点,这是我所觉得很可悲的。我何时才真能专谈风月谈趣味,如许多的热心朋友所期待者乎?我恐怕这不大容易。自己之不满意,只好且搁起不说,但因此而将能使期待的朋友长此失望,则真是万分的对不起他。(《苦竹杂记·后记》)

这三十篇小文重阅一过,自己不禁叹息道,太积极了!圣像破坏与中庸夹在一起,不知是怎么一回事。有好些性急的朋友以为我早该谈风月了,等之久久,心想:要谈了罢,要谈风月了吧?……其实我自己也未尝不想谈,不料总是不够消极,在风吹月照之中还是呵佛骂祖,这正是我的毛病,我也无可如何……(《瓜豆集·题记》)

毕竟是曾热心现实、奔走呼号过的人,要一下子十分消极起来也不很容易。于是,周作人便每每为自己的血不能冷得更快而遗憾,为自己的心不能凉得更透而惭愧了。

而与在北京的周作人南北呼应的,是在上海的林语堂。林语堂在上海办《论语》《人间世》《宇宙风》等刊物,主张"以自我为中心,以闲适为格调",提倡所谓"幽默"、"性灵"的文学。他们抬出晚明小品,作为文学的最高典范,鼓吹作家都应把目光集中在风花雪月、草木鱼虫上,以恬淡、萧散、趣味为文学的极致。

与这一种文人和文学现象,鲁迅也进行了坚决的斗争。在写于1935年12月的《"题未定"草(六至九)》中,鲁迅说这一类人,"是徘徊于有无生灭之间的文人,对于人生,既惮扰攘,又怕离去,懒于求生,又不乐死,实在太板,寂绝又太空,疲倦得要休息,而休息又太凄凉,所以又必须有一种抚慰。"将这一类人的心灵状态描绘得十分准确。他们既不能走上十字街头,在现实的污泥浊水中摸爬滚打,哪怕浑身泥污、遍体鳞伤也在所不惜,又不能远远地离开这污泥浊水,息影山林或干脆弃世而去,于是,便只能站在泥水边,不停地埋怨泥点水滴溅上了自己的裤管。他们之所以把象牙塔建在这十字街头，也并非全因为再无别处可建，而实在是因为对十字街头既厌恶又不能弃绝。因为厌恶十字街头，所以要建起一座象牙之塔，把自己与外界隔离；因为不能弃绝，所以又只能把象牙之塔建在十字街头。这样就自然难免尴尬了。

在周作人、林语堂这种类型的文人身上，鲁迅也看到了某一类传统士大夫的身影。在中国历史上，每当社会动乱、民族危亡之际，也都有一类文人采取老庄式的逍遥姿态，只求"苟全性命于乱世"，即使对"泰山崩，黄河溢"一般的世间俗事，也无动于衷。鲁迅对周作人、林语堂一类文人在30年代的表现予以尖锐批评，但同时指出，在当时的社会状况中，文人队伍里出现这种现象，也正是一种必然。象牙之塔外是"风沙扑面，狼虎成群"，而象牙之塔里，他们却在"赏玩琥珀扇坠，翡翠戒指"。在这个意义上，他们与当时的社会现实是那样的不和谐。但另一方面，也正因为世间正"风沙扑面，狼虎成群"，他们才筑起象牙之塔，并躲在里面"赏玩琥珀扇坠，翡翠戒指"，倘若世间是和风丽日，鸟语花香，他们也就用不着费心劳神地去建什么象牙之塔，提倡什么"幽默"、"闲适"、"性灵"了。这又可以说，他们正是那个社会的"合法产儿"。在写于1934年12月的《病后杂谈》中，鲁迅说中国自古便有一类"聪明的士大夫"，他们有一种天大的本领，即"从血泊里寻出闲适来"。反过来说，也正因为有血泊，才使得这类士大夫练就了这种"天大的本领"。鲁迅设想了这种本领的两种表现方式："一，是对于世事要'浮光掠影'，随时忘却，不甚了然，仿佛有些关心，却又并不恳切；二，是对于现实要'蔽聪塞明'，麻木冷静，不受感触，先由努力，后成自然。"鲁迅晚年，多次谈到当时中国的状况与明末极相似。在内，是统治者实行血腥的统治，大量杀戮端人正士，政局十分腐败，社会极其黑暗；在外，则有异族在馋涎欲滴地觊觎。而在这种时候，却有一批文人学士在鼓吹"闲适"，提倡"性灵"。在《病后杂谈》里，鲁迅说："比灭亡略早的晚明名家的潇洒小品在现在的盛行,实在也不能说是无缘无故。"在写于1935年12月的《杂谈小品文》里,鲁迅也说:"现在的特重明清小品,其实是大有理由,毫不足怪的。"因为社会状况与明末相似,明末小品才在30年代的中国"热"将起来。而有一批文人学士在心理情感上接通了明末一种类型的士大夫,也并不难以理解。

这类"闲适"、"性灵"的追求者,其危害并不只在追求者自身逃避现实,自我麻醉,更在于使得读者也血冷心凉,在现实面前,闭起眼睛,不再感到现实的缺陷,社会的黑暗,不再有战斗和反抗的冲动和勇气。用鲁迅的话说,这也是在替统治者更替异族入侵者"治心"。在当时的情形下,鲁迅主张文学应该能激起大众的血性,唤起大众对社会现实的关切,对民族前途的担忧。在写于1933年8月的《小品文的危机》中,鲁迅指出,一味地追求"闲适"、"性灵"的小品文,"靠着低诉或微吟,将粗犷的人心,磨得渐渐的平滑。这就是想别人一心看着《六朝文絜》,而忘记了自己是抱在黄河决口之后、淹得仅仅露出水面的树梢头"。而这也就同时使小品文走入了"危机"。

主张"闲适"、鼓吹"性灵"的人,抬出陶渊明、袁中郎一类古人为自己张目,把他们说得"浑身静穆",时时刻刻都那么高雅,仿佛不食人间烟火。为了阻遏这股潮流,鲁迅强调,闲适、空灵、高雅,都是要有物质后盾的。衣食饱暖,是闲适、空灵、高雅的起

周作人(1885～1967),现代散文家、诗人、文学翻译家。

鲁迅、许广平与周建人（前左）、林语堂（后中）、孙伏园（后右）、孙福熙（后左）合影。

码条件。鲁迅指出，陶渊明"不但有妾，而且有奴"，这才使得他有时能"采菊东篱下，悠然见南山"，否则，他便只能整日里"饥来驱我去，不知竟何之"了。而在30年代的中国，在那时的上海，一个文人要闲适、空灵、高雅，比陶渊明、袁中郎们不容易得多了。在《病后杂谈》里，鲁迅为那时的上海文人细细算过一笔账，说要能够"采菊东篱下，悠然见烟囱"，每月就得"译作净五万三千二百字"，而吃饭的问题还须另外解决。所以：

"雅"要地位，也要钱，古今并不两样的，但古代的买雅，自然比现在便宜；办法也并不两样，书要摆在书架上，或者抛几本在地板上，酒杯要摆在桌子上，但算盘却要收在抽屉里，或者最好是在肚子里。

此之谓"空灵"。

这实际上也是在揭穿那类提倡闲适、鼓吹空灵者的假面。所谓闲适,空灵,不过是一种故作的姿态,他们的抽屉里或肚子里,不可能没有算盘,不然,书架和地板上也就没有书,桌上也就不会有杯盘。

鲁迅还从两个方面来力图抵制明清小品的消极影响,来消除闲适、空灵的文学潮流对读者的不良作用。一是提倡读明清野史,让明清野史来为明清小品"消毒";二是指出陶渊明、袁中郎一类古人,也有浮躁凌厉的一面,而明清小品,原本也并非只是一味的闲适、空灵,其中原也有着血性、怒气,只不过这一面被删除了,因此,呈现在后人面前的明清小品和作者,都并非本来面目。

如果说明清小品玲珑剔透、闲适空灵,那明清野史则充满了血腥气,也更真实地显示出那个时代的面目。这两者是同一时代的产物,然而,它们却水火不容。用明清野史来解明清小品之"毒",确乎是非常有效的。1934 年 11 月,鲁迅写过一篇《读书忌》,就是将明清的这两类作品相对照。食物有"食忌",某两种东西不能同食,否则便要头晕、恶心、闹肚子,甚至有更严重的病状。而读书也有"忌",某两类书也不能同读,"否则两者中之一必被克杀,或者至少使读者反而发生愤怒"。例如,如果刚刚读过《明季稗史》《痛史》,或者明末遗民著作,再去读袁中郎的《广庄》或《瓶史》,那就应该非但不感到中郎的闲适、空灵,反而只对他发生憎恶、愤怒了。而今人推崇袁中郎,鼓吹闲适、空灵,"实在比中郎时代的他们互相标榜还要坏,他们还没有经过扬州十日,嘉定三屠!"在《读书忌》的最后,鲁迅说:"明人小品,好的;语录体也不坏,但我看《明季稗史》之类和明末遗民的作品却实在还要好,现在也正到了标点,翻印的时候了:给大家来清醒一下。"

鲁迅有时还在文章里引录明清野史中的那种令人骇然的叙述。在《病后杂谈》里,鲁迅引用了一条《蜀碧》中对张献忠祸蜀时剥人皮的描写:"又,剥皮者,从头至尻,一缕裂之,张于前,如鸟展翅,率逾日始绝。有即毙者,行刑之人坐死。"针对野史中的这类文字,鲁迅说："真也无怪有些慈悲心肠的人不愿意看野史，听故事；有些事情，真也不像人世，要令人毛骨悚然，心里受伤，永不痊愈的。残酷的事实尽有，最好莫如不闻，这才可以保全性灵……"这自然也可以认为是在批评30年代林语堂一类人了。30年代的中国，30年代的上海，令人毛骨悚然的事情何尝少，而要有闲适、空灵，也只能向血泊里寻。

对明末小品本身，鲁迅并不彻底否定，倒是认为在文学史上自有一定的地位。与其说他批判的是明末小品，毋宁说是在批判林语堂一类人在30年代的中国对明末小品的不切实际的吹捧。林语堂们本不过是在拿袁中郎作招牌，于是便在他脸上涂抹上种种油彩，于是离中郎的本相相去甚远。在《骂杀与捧杀》中，鲁迅说这其实是在将中郎"捧杀"。林语堂1935年1月在《论语》上发表《做文与做人》一文，其中说："你骂袁中郎消沉，你也得自己照照镜子，做个京官，能不能像袁中郎之廉洁自守，兴利除弊。"针对此种责难，鲁迅写了《"招贴即扯"》一文，指出袁中郎既然被林语堂一类人扛出来作招牌，"看客就不免议论这招牌，怎样撕破了衣裳，怎样画歪了脸孔。这其实和中郎本身是无关的，所指的是他的自以为徒子徒孙们的手笔。然而徒子徒孙们就以为骂了他的中郎爷，愤慨和狼狈之状可掬，觉得现在的世界是比五四时代更狂妄了。但是，现在的袁中郎脸孔究竟画得怎样呢？时代很近，文证俱存，除了变成一个小品文的老师，'方巾气'的死敌而外，还有些什么？"

然而，真实的袁中郎却并非如林语堂们所画的那样。在《"招贴即扯"》中，鲁迅以实例证明，袁中郎还有更重要的一面，即他"正是一个关心世事，佩服'方巾气'人物的人"。赞《金瓶梅》、作小品文，只是袁中郎的一部分，甚至是他身上次要的一部分，但今天的人们，却把这当做他的全部，而将他身上那更重要的东西忘却了。同样的情形，在陶渊明身上也有发生。在《"题未定"草（六至九）》中，鲁迅指出，陶渊明在后人心目中那"浑身静穆"的形象，也并不是真相。《闲情赋》

里的陶渊明，就是一个痴情种子。他更有"精卫衔微木，将以填沧海，刑天舞干戚，猛志固常在"之类的"金刚怒目"的一面，而这也就"在证明着他并非整天整夜的飘飘然。这'猛志固常在'和'悠然见南山'的是一个人，倘有取舍，即非全人，再加抑扬，更离真实。譬如勇士，也战斗，也休息，也饮食，自然也性交，如果只取他末一点，画起像来，挂在妓院里，尊为性交大师，那当然也不能说是毫无根据的，然而，岂不冤哉？我每见近人的称引陶渊明，往往不禁为古人惋惜"。

陶渊明、袁中郎一类古人，之所以在后人心目中留下一种歪曲的形象，首先应归咎于"选文家"和"摘句家"。文章选家，总是根据自己的趣味选取作品，那些不合自己口味的作品便被删汰，选本一流传，作者的真实的全貌便在读者眼中再难显现，而误将选本所显示的当做作者的真面目。所以选本，总难免是一种歪曲。例如陶渊明，选家往往将他的那些痴情和刚烈的作品剔除，只留下闲适和静穆的文字，于是，在后人心目中，陶渊明便是整日闲适、浑身静穆的。中国历代都有选家。代代相传，对民族精神影响甚大的经典，许多都是一种选本。历代选家对中国文化实际上产生了远非枝节性的影响。对这个问题，鲁迅晚年多次提及，并把它上升到国民性的铸造的高度来认识。中国人的怯懦、柔顺、逆来顺受等品性的最终形成，与历代统治者和为统治者服务的文人学士总是把古人塑造得怯懦、柔顺和逆来顺受有关，它让人觉得人本应如此，只能如此。这也是"治心术"之一种。而重塑古人的工具之一，便是选本，只选取古人诗文中那些闲适静穆、温柔敦厚之作，而将那种愤怨激烈之作都隐藏起来，让后人觉得祖宗是那么驯良温厚，自己当然也应努力如此。选本对后人精神的作用，远比我们通常想象的要大。1933年11月，鲁迅写过一篇《选本》（《集外集》），专门谈了选本对后人的影响。他指出："凡是对于文术，自有主张的作家，他所赖以发表和流布自己的主张的手段，倒并不在作文心，文则，诗品，诗话，而在出选本……如此，则读者虽读古人书，却得了选者之意，意见也就逐渐和选者接近，终于'就范'了。"何况选家有时还要夹些批评，对自己特别以为然处特加提醒，让读者加倍注意，而自己不那么以为然处，也就被"默杀"。这样，读者读选本，自以为是在欣赏古人文笔的精华，实则是在接受选家的教诲，读者的眼界不知不觉中被选家缩小了，读者的精神也不知不觉间被选家塑造着。1934年4月，鲁迅还写过一篇《古人并不纯厚》，说的也是选本对古人的歪曲。中国有成语曰"人心不古"，也就意味着古人都是很"纯厚"的。而鲁迅指出，古人的"纯厚"，是被后人刻意"做"出来的。后代的统治者和文人学士，利用种种手段，将古人"并不纯厚"的一面埋掉，只将"纯厚"的一面大加渲染，于是，便让人觉得古人是"浑身纯厚"的。例如，古人诗文中那些愤激昂扬，"指斥当路"的文字都往往被删除，在后人眼里也就只剩下了"纯厚"。"后人能使古人纯厚，则比古人更为纯厚也可见。清朝曾有钦定的《唐宋文醇》和《唐宋诗醇》，便是由皇帝将古人做得纯厚的好标本"。而比选文家更能"引读者入于迷途"的，是"摘句"，即从作家全部作品中，摘取只言片语，以后这只言片语便是这作者的"代表作"和化身。例如，陶渊明，后人一提到他便想到"采菊东篱下，悠然见南山"这两句诗，别的都一概抹杀，于是陶渊明便成了一个终日站在东篱下，眼神悠然，衣袂飘飞的人物，——这便是"摘句"在作怪。当时还有人写文章，专门谈钱起的"曲终人不见，江上数峰青"这两句诗，说如何"醇朴"和"静穆"。鲁迅在《"题未定"草（六至九）》中，特意将全诗引出，指出要以全诗来证成"醇朴"或"静穆"，便很难，"因为中间的四联，颇近于所谓'衰飒'"。"摘句家"比文选家，实在更严重地歪曲着作者。

鲁迅还指出，即使是明清小品中，也有的原本并非只是一味闲适、空灵，而也有着愤怨，怒火，但在清朝的文字狱中，都被消灭了，于是剩下来的，便只有纯粹的闲适和空灵了。在1935年12月写的《杂谈小品文》中,鲁迅说明清文人中,"也有人预感到危难,后来是身历了危难的,所以小品文中,有时也夹着感愤,但在文字狱时,都被销毁,劈板了,于是我们所见,就只剩了'天马行空'似的超然的性灵"。而"这经过清朝检选的'性灵',到得现在,却刚刚相宜,有明末的洒脱,无清初的所谓'悖谬',有国时是高人,没国时还不失为逸士。逸士也得有资格,首先即在超然,'士'所以超庸奴,'逸'所以超责任……"

  鲁迅晚年常常谈到清朝的文字狱。清朝的文字狱,其实有两种,一种是针对本朝的,一种则是针对前朝的。本朝人若有或被认为有不利于清统治的言论,不但著作要禁毁,本人要断头,还会株连九族。对前朝人,当然不能去追究作者和他的亲族,但著作却可以删和禁。乾隆时编纂《四库全书》,其实便是对历代著述的一次大清洗,有数千种书被禁毁,被删改。那些有血性的著作,那种有肝胆的文字,自然在禁删之列了。至于那种闲适、空灵的文字,则是大合统治者的"龙意"的,也就被原原本本地保留。既然对前朝的愤激刚烈都不能容忍,对本朝,当然也就只允许歌功颂德和闲适空灵了。所以,清朝的闲适空灵,是统治者用屠刀造就的。在《小品文的危机》中,鲁迅就指出:"明末的小品虽然比较的颓放,却并非全是吟风弄月,其中有不平,有讽刺,有攻击,有破坏。这种作风,也触着了满洲君臣的心病,费去许多助虐的武将的刀锋,帮闲的文臣的笔锋,直到乾隆年间,这才压制下去了。以后呢,就来了'小摆设'。"在写于1934年7月的《买〈小学大全〉记》中,鲁迅说,对于清朝的文字狱方面的资料,如果有人细加收集、编排,便能看出清朝统治者在控制文化方面是怎样费尽心机,"自然,这不及赏玩性灵文字的有趣,然而借此知道一点演成了现在的所谓性灵的历史,却也十分有益的"。

第五章 「没齿无怨言」与「一个都不宽恕」

在鲁迅著作中，有大量的文字，不同程度地带有论争性，这被一些人含含糊糊地统称之为"骂人"。这些文字，留给人们这样一种印象，即鲁迅是一个非常热衷于"骂人"的人，他总是四处找茬，八方出击，不断地惹是生非，且"骂"起人来态度激烈，不留情面。有人因此对鲁迅颇有微词或腹诽。还有些人，虽然承认鲁迅文章的不可替代的价值，虽然也觉得在那些论战中，鲁迅的基本观点是正确的，但也认为鲁迅大可不必采取那种姿态，而应该平心静气地进行"学术讨论"……其实，这真是很大的误解。这些误解的产生，原因之一，是对鲁迅与他人每一论战的起因、背景和过程缺乏了解，只读了鲁迅针对别人的文章，而不知道对方是如何攻击鲁迅的，更不清楚论战是与怎样一种政治和文化背景紧密联系着的。真实的情形是，鲁迅被动的还击远多于他主动的出击，而鲁迅在论战时，虽然往往尖刻、犀利，但一来总是注重从道理上反驳对方，二来也并不使用污言秽语，而别人针对鲁迅的文字，则往往满纸都是卑劣下作的人身攻击。鲁迅是非常注重论战中的态度的，恶棍耍赖、泼妇骂街式的文风，深为他所厌恶。他认为一个以文字而战斗者，首先自身不能在文风上显出人格的卑污来，那样，丑化的只是自己，于对手却并无损害。最近几年出版的几本书，对人们了解这方面的情形很有帮助。一本是群言出版社1995年出版的《被亵渎的鲁迅》，书中收录了部分在鲁迅生前生后攻击鲁迅的文字，并有编者孙郁先生的很精到的长序。还有一本是陈漱渝先生主编的《一个都不宽恕》，由中国文联出版公司1996年出版，书中收录了历次论战中鲁迅和对手们的主要文章，便于人们对照着阅读。近日读报，得知又有一本类似的书出版。我想，这几种书的出版，是很有意义的。

对鲁迅的误解，也因为并不懂得鲁迅当年与人论战时的处境，不懂得论战是在一种怎样的情形下发生的，从而也就不懂得论战本身的性质。应该看到，鲁迅当年所从事的论战，从实质上说，大都并不是什么学者、作家之间的纯学术之争，而往往是一种真实的搏杀，甚至是真正具有你死我活的性质的。因此，今天的人们，用所谓学术争论的要求去责备鲁迅，有时无异于用体育比赛的规则去衡量一场短兵相接的格斗，未免显得迂阔。

"赤条条地站出来说几句真话就够了！"

　　一些社会现象，一些与民生疾苦、民族命运密切相关的问题，不免在所谓"知识分子"中引起种种争议。这些争议，往往都以学术之争的面目出现，然而，若深究下去，在相当程度上不过是良知之争、人格之争。对某种现象、某个问题持怎样的态度，常常可以归结为有无起码的正义感这样一个极简单的问题，或者说，归结为愿不愿、敢不敢说几句人话的问题。也可以说，归结为一个基本的立场问题：是站在被侮辱与被损害者一边反抗强权者，还是帮着强权者欺侮、迫害那些原本便被侮辱与被损害的人。晚年在上海，鲁迅置身的政治和文化环境，复杂而又险恶，即便是所谓文坛上，也是血雨腥风不断。许多顶着"作家"名号的人，不过是地地道道的流氓无赖，以贩卖人头为业，为了一点蝇头小利，便可以置人于死地。鲁迅在上海时期的书信里，多次感叹过其时上海文坛的污浊和凶险，认为"作家"这一称号里，已包含无数恶行，并以继续被称做"作家"为耻。更有一些人，不过是国民党政府的鹰犬，他们以文人的面目在文坛出现，实则所司的，是打手之职。而令国民党当局头痛不已的鲁迅，自然是这些人集中监视和讨伐的目标。让特务用手枪去对付鲁迅，国民党当局心有忌惮，于是，便只好让文坛流氓用笔杆去尽可能地对鲁迅加以损害了。所以，鲁迅晚年论战时的对象，并不都是学术意义上的对手、文学意义上的辩友，而常常是真正意义上的敌人。鲁迅说过，杂文是匕首，是投枪，是能同读者一起杀出一条生路来的利器，这话用于晚年的鲁迅自身，并不只是一种比喻。在刀光剑影中，在"必欲置之死地而后快"的围剿中，鲁迅握着那枝"金不换"，真像握着一柄利刃。他防守着，也出击着，常常是厮杀得鼻青脸肿、遍体鳞伤。临终前不久，鲁迅还梦见有人埋伏在两旁，准备暗中对他偷袭，于此亦可见晚年鲁迅的身边，是怎样的杀机四伏了。可以说，鲁迅晚年所呼吸的空气里，无时无刻不带着一股杀气。明白了这些，也就知道鲁迅在论战中摆事实、讲道理时，不可能、不必要、也不应该总那么心平气和、慢条斯理。

说起来，鲁迅在北京时期与陈源之间的论战，是鲁迅与他人的第一场激战。而论战的起因，也根本不是什么学术问题，而是在北京女子师范大学学生运动一事上，两人态度对立。鲁迅其时是教育部的"官员"，只不过在女师大兼几个钟点的课，而陈源当时的身份是北京大学英文系教授。但坚决地站在学生一边的是鲁迅，站在学生对立面的却是陈源。本来，女师大学生对校长杨荫榆的治校方式便多有不满。这位女校长虽曾留学日美，但教育思想却很落后守旧，在学校实行婆婆式的统治，视学生如儿媳。看见学生收信，便以为是情书；闻见学生一声笑，便断定是怀春——简直要把学校变成修道院。政治上更是无知之极。据林志浩《鲁迅传》中说，孙中山北上抵京时，学生要求出面欢迎，杨荫榆却禁止，理由是："孙为国民党，主张共产共妻，如随波逐流，将来女界必大受其影响。"学潮本来就在酝酿着。1924年底，女师大3名学生因军阀混战、交通阻塞，无法按期到校，被杨荫榆强行开除，终于导致学潮爆发。杨荫榆一面雇用了男性打手来对付女学生，一面又将6名学生作为"害群之马"予以开除。在这种情况下，鲁迅挺身而出，和马裕藻等7名教员联名发表《关于北京女子师范大学风潮宣言》，公开支持学生反对校长的斗争。而这时，陈源却发表了一篇《粉刷毛厕》的"闲话"。把女师大说成是毛厕，不能不说有些轻浮甚至下作。在文章中，他指责学生"闹得太不像样了"，"学校的丑态既然毕露……实在旁观的人也不能再让它酝酿下去，好像一个臭毛厕，人人都有扫除的义务"。并提醒"教育当局"，"万不可再敷衍姑息下去，以至将来要整顿了也没有了办法"。接着又散布谣言，说女师大风潮，"有在北京教育界占最大势力的某籍某系的人在暗中鼓动"。所谓"某籍"，即指浙江籍；"某系"，则是北大国文系。因为在《宣言》上签名的，除一人外，都是浙江籍北大国文系教员。身为教授、学者的陈源，此种表现令鲁迅极为反感，写了《我的"籍"和"系"》一文予以反击，一场激烈的论战便开始了。

女师大风潮，是一场很现实的斗争，而且堪称严峻。学生的要求，只是撤换校长，而"教育当局"为了对付学生，使出了种种恶辣的手段，例如出动军警、召开家长会，甚至出言侮辱女生人格，最后竟宣布解散女师大。鲁迅与陈源围绕这一事件进行的论战，往小处说，是有无起码的同情心、是非感的问题，往大处说，是两种文化人格的冲撞。在论战中，鲁迅的言辞固然激烈，满纸燃烧着怒火，而陈源的文品则显得很低下，阴阳怪气，闪烁其词，既极力要制造和传播谣言，又不敢承担责任。

学者文士间一开始所争议的，有时是一些极简单极明白的事，是仅凭常识便可断定是非曲直的。但由于后来参加争议者，往往各怀鬼胎，各有算计，便不免使是非越争越模糊，曲直愈辩愈难辨。有些参加者，并不是打算要来论是非，辨曲直的，并不是要来贡献一份自己的真实想法的，而是把这当做一种"自我表现"的机会。倘若相争的有一方是权势者，便一定会有人来讨好、献媚，打着"学术争论"的幌子，来向权势者表忠心，诉衷肠。更有些原本便被权势者以某种方式豢养着的人，在这种时候，便自然没有沉默的权利而有"执干戈以卫恩公"的义务。"养兵千日，用兵一时"的道理，他们当然不会不懂。且这些被权势者喂过一根半根骨头的人，当"恩公"被攻击时，自然会串通起来，形成一股阵势，相互配合，协同作战，为了打击对手——"恩公"的对手——的目的，他们是什么下流的手段都使得出来的。这也并不奇怪，他们原本在任何一种意义上都是"兄弟"。在所谓论争中，还会出现这种情形，即与相争的某一方原本便在某种意义上是属同一利益集团的人，也会自然地站出来支持这一方，这时候，他也根本不是在论是非，辨曲直，而只不过是在维护自身的利益。当年，当鲁迅与陈源之争愈演愈烈时，李四光、徐志摩等人出面呼吁双方"带住"，并劝鲁迅"十年读书十年养气"，明里是以第三者面目出现，实则仍是在为陈源作辩护。鲁迅写了《我还不能"带住"》一文，回答了他们的"调停"，最后说："只要不再串戏，不再摆臭架子，忘却了你们的教授的头衔，且不做指导青年的前辈，将你们的'公理'的旗插到'粪车'上去，将你们的绅士衣装抛到'臭毛厕'里去，除下假面目，赤条条地站出来说几句真话就够了！"

在文坛，在文化界，鲁迅评价人，有一个基本的原则，即看此人对现实是否感觉不满，并敢于有一定程度的反抗。中国的现状必须得到彻底改变，中国的社会必须进行根本的改造，这是鲁迅坚定不移的信念。这信念也毋须有什么坚实的学理来支撑，仅凭自身的经验便足以使这信念在任何情况下都不动摇。尤其晚年在上海，现状之黑暗，令鲁迅觉得毕生所未见。因此，是否感觉到现状的黑暗以及认为应该对现状进行反抗，便是鲁迅区分敌我的根本标准。在1925年6月13日致许广平信

1932年11月27日，鲁迅应邀在北京师范大学操场做《再论第三种人》的演讲，听众达2000多人。

中，鲁迅说："我明知道几个人做事，真出于'为天下'是很少的。但人于现状，总该有点不平，反抗，改良的意思。只这一点共同目的，便可以合作。即使含些'利用'的私心也不妨……"对人性的局限有深刻洞察的鲁迅，责人其实并不严。在一些人的心目中，鲁迅是一个对人要求极严格的人，因而不易接近不好相处。这同样是一种误解。如果说，在中国现代作家中，没有一个人像鲁迅那样给自己树立了那么多敌人，那么，也同样可以说，没有一个人像鲁迅那样拥有那么多真心爱戴他的朋友，尤其是青年朋友。在1933年5月致王志云的一封信中，鲁迅曾告诫说，对于那些虽非同志但也非敌人的人，不要求全责备，不要疾言厉色，拒之于千里之外。在反抗黑暗、战取光明的斗争中，鲁迅其实是十分注重团结一切可以团结的力量的。在写于1932年10月的《论"第三种人"》中，鲁迅强调："左翼作家并不是从天上掉下来的神兵，或国外杀进来的仇敌，他不但要那同走几步的'同路人'，还要招致那站在路旁看看的看客也一同前进。"把鲁迅说成一个性情乖戾、不近人情的人，是一种歪曲，更是一种亵渎。在1933年6月18日致曹聚仁信中，鲁迅甚至说过这样的话："现在做人，似乎只能随时随手做点有益于人之事，倘其不能，就做些利己而不损人之事，又不能，则做些损人利己之事。只有损人而不利己的事，我是反对的，如强盗之放火是也。"这些话，鲁迅固然是有感于那种"损人而不利己"的行为而发，但也可见出他并不总是用很严酷的标准去要求人，更不曾要求别人都成为圣贤。善于体谅别人的难处，善于设身处地地为别人着想，这其实是鲁迅身上很突出的特点，可惜这一点往往被他身上的另一面所遮蔽、所掩盖。1936年2月，曹聚仁因一件事怕鲁迅误会，致函解释，鲁迅于2月21日回函说："我不会误会先生。自己年纪大了，但也曾年青过，所以明白青年的不顾前后、激烈的心情，也了解中年的怀着同情，却又不能不有所顾虑的苦心孤诣。现在的许多论客，多说我会发脾气，其实我觉得自己倒是从来没有因为一点小事情，就成友或成仇的人。我还不少几十年的老朋友，要点就在彼此略小节而取其大。"这"略小节而取其大"的原则，移到文坛上，便是看是否对现状感觉不满意并敢于有一定程度的反抗了。这是"大节"，是一个大前提。有了这一点，便可以携起手来，共同战斗。至于其他的种种差异、分歧，都可以暂置不论。倘若相反，讴歌现实，粉饰黑暗，反对一切改革和抗争之举，那在鲁迅眼里，便是"敌人"了，便是应予争辩、战斗的。鲁迅毕生所进行的论战，虽然每次都有具体的起因，都围绕某个具体的社会文化问题展开，但都可以归结为对现状持怎样的态度问题。

至于在进行很纯粹的学术论争时，鲁迅是非常心平气和的。例如，关于《唐三藏取经诗话》的版本年代问题，鲁迅先后与人进行过两次争议。收在《华盖集续编》中的《关于〈三藏取经记〉等》是与日本著作家德富苏峰争辩的，收在《二心集》中的《关于〈唐三藏取经诗话〉的版本》，是与郑振铎争辩的，都以平和的口气把自己的看法和证据清楚地说出来，决无半点傲然凌人之态。倒是德富苏峰在谈到鲁迅的观点时，语含讥诮，所以鲁迅在反驳的文章里，将其原文全文译出，并且在文章最后说道："在考辨的文字中杂入一点滑稽轻薄的论调，每容易迷眩一般读者，使之失去冷静，坠入彀中，所以我便译出，并略加说明。"

对于在纯粹的学术讨论中夹入滑稽轻薄的言语，鲁迅是很反感的。当德富苏峰这样做时，鲁迅却并不报以同样的态度，只是将其原文译出，聊以示众而已。再例如，收在《花边文学》中的《论重译》《再论重译》，是与穆木天讨论翻译问题的，也可视做较纯粹的学术争论，而鲁迅的态度也是平静而又庄重的，绝无只言片语带有伤人的火气和傲气。鲁迅对争论的性质有着高度的敏感，且根据性质而采取不同的态度。例如，30年代在上海，对待"第三种人"和对待所谓"民族主义文学"，虽然同是批驳，但态度并不一样。鲁迅虽认为"第三种人"的论调很有害，但毕竟是作家文人身上的不良倾向，因而一开始对他们并没有使用那种很严厉的言辞，只是后来，当他得知"第三种人"中，有些人迅速右倾，甚至做起了国民党的书报检察官时，他对这伙人的态度才更不留情起来；而所谓"民族主义文学"，是由国民党官方所策划操持的，一出现，便被鲁迅视做敌人，对他们，鲁迅一开始便是白刃相向、刺刀见红的。

"砭锢弊常取类型"与"无意中触着了别人的伤疤"

在《伪自由书》的"前记"里,鲁迅说自己的"坏处",是"论时事不留面子,砭锢弊常取类型"。鲁迅的杂文,常对某种社会心理、某种社会现象、某种精神特征进行精辟的概括。一些平素为人们习焉不察的"锢弊",经鲁迅一点明,便顿时醒目起来,其病状昭然若揭。可以说,鲁迅用杂文塑造了许多"典型形象"。鲁迅的杂文之所以具有永久的价值,之所以是别人无法替代的,原因之一就在这里。

不妨举几个例子。

在《论"费厄泼赖"应该缓行》中,鲁迅塑造了"叭儿狗"的形象:"它虽然是狗,又很像猫,折中,公允,调和,平正之状可掬,悠悠然摆出别个无不偏激,唯独自己得了'中庸之道'似的脸来。因此也就为阔人、太监、太太、小姐们所钟爱,种子绵绵不绝。它的事业,只是以伶俐的皮毛获得贵人豢养,或者中外的娘儿们上街的时候,脖子上拴了细链子跟在脚后跟。"这样的评论虽然对狗或许有些不公平,但却嘲讽了社会上某一类人。

在《吃教》里，鲁迅指出中国的文人学士、道士和尚，虽然也将某一种或某数种教义时刻挂在嘴上，但不是用来"信"的，而是用来"吃"的，"有宜于专吃的时代，则指归定于一尊，有宜于合吃的时代，则诸教亦本非异致，不过一碟是全鸭，一碟是杂拌儿而已"。这里描绘出的"吃教者"的形象，也会是不朽的。在国人身上，"无特操"，"无坚信"，是一种普遍的现象，所谓"信仰"，便常常不过是在"做戏"。

在《隐士》里，鲁迅这样替古代和现代的"隐士"画像："虽'隐'，也仍然要噉饭，所以招牌还是要油漆，要保护的。泰山崩，黄河溢，隐士们目无见，耳无闻，但苟有议及自己们或他的一伙的，则虽千里之外，半句之微，他便耳聪目明，奋袂而起，好像事件之大，远胜于宇宙之灭亡者，也就为了这缘故。"这里揭示的，其实是自古至今都有着的一类文人的老底。这类人，常自诩闲适、恬淡、平和、宽容，并且不争名于朝，争利于市，但骨子里却极端虚伪、自私、冷酷和小肚鸡肠。

鲁迅用杂文塑造的"典型形象"，实在也可谓数不胜数。再例如脖子上挂着铃铛将羊群引入屠场的山羊，"做戏的虚无党"，"商定文豪"，"革命小贩"，"才子＋流氓"式的文人……鲁迅在针砭这类"锢弊"时，都是在泛指，并不专指某一个或某几个具体的人。常听人说，鲁迅某篇文章是"骂"某人的，这实际上把鲁迅文章的价值大大缩小了。鲁迅的文章，常是指向一种类型的人，或指向所有人身上共有的一类品性，那被认为是被"骂"的某人，自然也可包括在内。即便有些文章，鲁迅是针对某个具体的人而写的，但其中对某种精神特征的捕捉提炼，也仍具有极普遍的意义。例如《"丧家的""资本家的乏走狗"》，虽是回击梁实秋的，但其中所刻画的"遇见所有的阔人都驯良，遇见所有的穷人都狂吠"的"乏走狗"的形象，仍是社会上一类人的写照。

然而，鲁迅又为什么说自己"砭锢弊常取类型"是一种"坏处"呢，那就因为:"盖写类型者,于坏处,恰如病理学上的图,假如是疮疽,则这图便是一切某疮某疽的标本,或和某甲的疮有些相像,或和某乙的疮有点相同。而见者不察,以为所画的只是他某甲的疮,无端侮辱,于是就必欲制你画者的死命了。例如我先前的论叭儿狗,原也泛无实指,都是自觉其有叭儿性的人们自来承认的。这要制死命的方法,是不论文章的是非,而先问作者是哪一个;也就是别的不管,只要向作者施行人身攻击了。自然,其中也并不全是含愤的病人,有的倒是代打不平的侠客。"因为所解剖的是某一类人,于是,这类人中的每一个人,都有充分的理由认为是在"骂"自己,并对作者满怀深仇。而既然被鲁迅解剖、针砭的人或事的"类型"并不会随着鲁迅的离开人间而也从人间消失,那么,鲁迅便不但要结怨于同时代人,也要结怨于后代了。在1996年10月16日的《光明日报》上,读到一篇《鲁迅"论"九十年代文化》,这题目很有意思,不妨把鲁迅对今天的"论",抄几段在这里:

论某些在国际上"获奖"的当代中国电影:有些外人,很希望中国永是一个大古董以供他们的赏鉴,这虽然可恶,却还不奇,因为他们究竟是外人。而中国竟也有自己还不够,并且要率领了少年,赤子,共成一个大古董以供他们的赏鉴者,则真不知是生着怎样的心肝(《忽然想到》)。

论某些报刊之增广"闲文":七日一报,十日一谈,收罗废料,装进读者的脑子里去,看过一年半载,就满脑都是某阔人如何摸牌,某明星如何打嚏的典故。开心自然是开心的。但是,人世却也要完结在这些欢迎开心的人们之中的罢(《帮闲法发隐》)。

论出版界翻印之大量古旧破烂:"珍本"并不就是"善本",有些是正因为它无聊,没有人要看,这才日就灭亡,少下去;因为少,所以"珍"起来(《杂谈小品文》)。

明白了鲁迅的许多文章简直像是针对今天而写,也就明白了今天为何还有些人一提起鲁迅便皱眉了。——既然鲁迅能针对90年代的文化发"论",又怎怪得90年代有文化人对着鲁迅发"恨"呢!

在写于1926年2月的《不是信》里,鲁迅就说过:"我有时泛论一般现状,而无意中触着了别人的伤疤",既如此,便免不了被攻击,被围剿了,鲁迅虽然并不惮于与人结怨,但他与他人的许多怨,却实在是无意间结下的。鲁迅揭示出某种现象,本意是在社会上悬起一面镜子,如果有人从里面照见了自己,鲁迅便希望他能有所羞惭,有所悔恨,有所自新,这样,文章的目的也就达到了。但结果往往事与愿违。在镜子

五四新文化运动时期的刊物——《晨报》

里照见了自己的人，只是于气得嘴斜脸歪之余，气势汹汹地杀上门来，要报这"一镜之仇"。这样，鲁迅有时候便不得不应战，于是，论战便起来了：正是在这种意义上，说鲁迅是主动出击少而被动还击多。

可以再举个例子。1933年10月1日，鲁迅写了篇《重三感旧》，是反对其时社会上和文化界的复古思潮的，在列举种种复古现象时，提到了"劝看《庄子》与《文选》"。因为施蛰存曾向"文学青年"推荐过这两部书，于是，便认为鲁迅的整篇文章都是针对他的，便写了《〈庄子〉与〈文选〉》一文予以反驳，鲁迅便也写了《感旧以后（上）》，回答施蛰存，并且声明："那篇《感旧》，是并非为施先生而作的，然而可以有施先生在里面。"施蛰存便又作文驳难，——鲁迅与施蛰存之间关于《庄子》与《文选》的所谓争论，就是这样起来的。而鲁迅之所以要迎击施蛰存，也并非闹什么个人意气，而是借对施蛰存的分析、批判，对其时颇为汹涌的复古潮流作进一步的阻遏。如果说一开始，鲁迅是泛论一般复古现象而其中可以包含着施蛰存，那么后来，鲁迅则是借着对施蛰存的驳斥而泛论一般复古现象了。如果没有这样一种普遍的意义，晚年的鲁迅，是无意于与施蛰存拳来脚去的。

尖锐，甚至刻毒，当然是鲁迅文章的一种特色。在北京时期与陈源论战，在上海时期与梁实秋论战，这种特色都有鲜明的表现。今天不明详情的人，或许会觉得鲁迅对他们"骂"得太狠了。但如果明了个中因由，就应该说鲁迅做得并不过分。抛开大是大非的问题不说，仅从"私德"上看，陈、梁二人，都有卑下之处。

鲁迅与陈、梁二人之争，都不是由鲁迅发难的。与陈源之争，首先是陈源把矛头指向鲁迅等支持女师大学生的人，并且散布"某籍某系"的谣言，当鲁迅起而回击后，他又写《剽窃与抄袭》一文，避开学潮与"籍"和"系"的问题不谈，阴声怪气地说鲁迅的《中国小说史略》"整大本"地"剽窃"日本学者盐谷温的《支那文学概论讲话》，但又不点鲁迅的名,只用"思想界的权威"来代替,让人一看就懂,但又抓不着他切实的把柄。这仍是在散布谣言。这对鲁迅的伤害是异常深重的。也就难怪鲁迅在论战中笔端常带怨毒了。十年后,在《且介亭杂文二集》的"后记"里,鲁迅还强调,他的《中国小说史略》已译成日文,而盐谷温的著作也有了中译:"两国的读者,有目共见,有谁指出我的'剽窃'来呢?呜呼,'男盗女娼',是人间大可耻事,我负了十年'剽窃'的恶名,现在总算可以卸下,并且将'谎狗'的旗子,回敬自称'正人君子'的陈源教授,倘他无法洗刷,就只好插着生活,一直带进坟墓里去了。"这些言论充分说明鲁迅受伤之深。

其时的北大教授陈源,堪称"谣言大师"。女师大学潮中,他说"某籍某系"的人在暗中"挑剔风潮",已是在散布谣言,而当遭到鲁迅的还击后,又按下学潮不表,想从鲁迅的著作上找突破口,也就是散布鲁迅"整大本的剽窃"这样一种更恶毒的谣言。1933年,鲁迅写有一篇《谣言世家》,对历代的造谣者深表厌恶。而文坛上的"谣言世家",也真不愁没有后人来续香火。即如今日文坛,在唇舌间和笔墨上造谣,已成某些人的习性。北大教授陈源的衣钵,自有人继承,而且手段也并不能有所超越和创新。今日文坛热衷于造谣者,也往往不过是陈源教授的故伎重演。

至于鲁迅与梁实秋,数年间其实有过多次交锋,但几乎都是梁首先发难的,而且,在与鲁迅的论战中,梁实秋也同样大耍造谣术。他本就是与陈源声息相通的,在用造谣来对付鲁迅这一点上,两人也相映成趣。对鲁迅与梁实秋之间的恩怨,近年似乎有些人在"重新评价",而且不止一次地见到有人对梁表示同情。这仍然是对其中的详情不了解所致。刘炎生先生的《梁实秋和鲁迅争论的起因及翻译问题的是非》(载《鲁迅研究月刊》1995年第6期)一文,对两人历次相争的起因有清楚的介绍,对公正地评价两人相争是很有帮助的。人们都知道,鲁迅在上海时期与梁实秋发生过很激烈的论战。但其实在鲁迅到上海之前，两人便结怨了。1927年6月4日，上海的《时事新报·学灯》上，登出了《北京文艺界之分门别户》一文，其中对鲁迅大作贬损，说鲁迅除"尖锐的笔调"外，"别无可称"，"没有大规模的文学上的努力"。这也罢了。文中还就鲁迅的活动大造谣言，说鲁迅是《晨报》副刊的"特约撰述员"，自陈大悲受陈西滢指责后便"停止投稿"，现在则"到了汉口"。香港的《循环日报》于6月10日转载此文。其时鲁迅因国民党"清党"而愤然辞去中山大学的一切职务，但仍暂留在广州，处境颇为险恶，《北京文艺界之分门别户》一文散布的谣言，对鲁迅直如落井下石。——而这篇文章，正是梁实秋用徐丹甫的笔名发表的。鲁迅当即致函《循环日报》，要求更正，但石沉大海，便在7月11日所作的《略谈香港》一文中，将此信内容公布，并且说："我知道这种宣传有点危险，意在说我先是研究系的好友，现是共产党的同道，虽不至于'枪终路寝'，益处大概总不会有的，晦气点还可以因此被关起来。"这便是鲁迅与梁实秋"结怨"的开始。而且梁实秋后来在与鲁迅论战时，那种险毒的造谣术，一直未停止使用过。例如，一再暗示鲁迅拿卢布，并且总不忘提及鲁迅"发起""中国自由大同盟"，便都是提醒国民党当局，此人有可杀之罪。念念不忘假手于国民党政府对鲁迅进行迫害，这是堪称卑劣的。于此一端，也足见两人之争并非什么"学术争论"。而在阴森的杀气面前，鲁迅言辞激烈一点，挖苦得尖刻一点，也是完全正常的。

在与人论战时，鲁迅常常是在做被动的还击，但还击起来，也有时不留情面，笔尖直捣对方要穴，三言两语便将对手伪装撕下，老底揭穿，这有时就使得对手泼皮般地大肆耍赖，鼻涕、眼泪、浓痰，和着血，一起喷吐过来，鲁迅称之为"粪帚战术"，"足令勇士却步"。这令人想到民间的吵架斗嘴。在民间，当某人的某种不可告人的丑事被人抖落出来时，他要么满地发疯似地打滚，甚至屎尿齐下，或者双眼充血，寻斧觅刀地要与人拼命。此种泼皮作派，在今日文坛也能见到。例如，当有人在那里慷慨激昂地谴责阴云时，你很委婉地提醒他也曾在"黑云压城城欲摧"时，踮起脚尖，伸出舌头舔过云脚，目的是让他脸一红，头一低，舔舔嘴唇，知趣地退下，但他却愈加起劲，且说你是在"含血喷人"，直要逼得你把他当年伸过的舌头连根拔出，血淋淋地"钉"在那里不可。但即使如此，他还会反咬一口，说他当年的"舔"，是你指使的。真是一遇泼皮，便道尽途穷。

"辱骂和恐吓决不是战斗"与"说婊子是婊子,就不是骂"

1932年11月,"左联"的机关刊物《文学月报》上,发表了一首署名芸生的长诗《汉奸的供状》,意在批判自称"自由人"的胡秋原,但却充满恶劣的漫骂,一开头便拿胡秋原的姓做文章,说什么"现在我来写汉奸的供状,据说他姓胡,可不叫立夫"(胡立夫是1932年"一·二八"日军侵占上海闸北时的著名汉奸)。诗中还有"当心,你的脑袋一下就要变做剖开的西瓜!"这类恐吓的言词,甚至"去他妈"这样的骂语也出现在诗中。鲁迅读后,认为这是流氓作风,便写了《辱骂和恐吓决不是战斗》这篇文章,对"左联"内部的这种不良倾向提出了严正的批评,并申明了自己对如何进行论战的看法。敢于论战,也惯于论战的鲁迅,对论战的态度、文风,是高度重视的,把这视做关系到论战能否产生积极的社会影响、能否击败对手的一种重要条件。晚年在上海,因为不停地与人交锋,也因为目睹了不少人在论战中态度的卑劣、文风的下作，鲁迅在数篇文章中都对论战应有的态度和文风进行了强调。例如，在写于1934年8月的《"大雪纷飞"》中，在写于1935年2月的《漫谈"漫画"》中，在写于1935年3月的《论讽刺》中，在写于1935年5月的《什么是"讽刺"？》中，都涉及到批判别人时应有的准则，和与人论战时必须避免的做法。从这些论述中，可以归纳出鲁迅心目中的这样几条论战原则：

（一）"应该注重于'论争'"。在《辱骂与恐吓决不是战斗》中，鲁迅在对"汉奸的供状"的几种不良表现一一指出和批评后，强调自己并不是主张要对敌手"陪笑脸，三鞠躬"，而是认为"战斗的作者应该注重于'论争'"。鲁迅在"论争"两字上加上引号，也就是把其含义限制在本来意义上。人们通常把所有的文字纠纷都称做"论争"，这其实是把这两个字的含义不适当地扩大了。按其本来意义，论争便是摆证据、讲道理，而诬陷、造谣、恐吓、辱骂，都不能算是在"论争"。论争不妨尖刻，但必须是一种说理的尖刻；论争不妨"伺隙乘虚，以一击制敌人的死命"，但所"伺"所"乘"的，必须是敌人真正的"隙"与"虚"。否则一刀刺去，震伤的是自己。鲁迅自己是严守这条基本原则的。言辞激烈的情形是有的，但也只是在言辞激烈地申述自己的看法，反驳对方的观点；挖苦嘲讽的字句也是有的，但也是在"论争"的过程中顺便为之。鲁迅的文章之所以给人以尖锐、刻毒的感觉，常常就因为他将对手的"隙"与"虚"看得太准确。有时候，越是真话，越容易被认为尖锐、刻毒。

（二）"非写实决不能成为所谓'讽刺'"。鲁迅在谈到"讽刺"时，也加上了引号，这也是在强调讽刺的本来意义。在鲁迅看来，讽刺这两个字也被人们严重地误用和滥用了。人们常以为，讽刺便是尽情地丑化对方，便是搜罗天下所有的邪恶、污秽，加诸对方头上。而鲁迅认为，这样做只能说明自身的丑陋和低能。鲁迅强调，真正的讽刺必须是一种写实，所揭示的，必须是对方身上实有的毛病、缺陷，否则，便毫无效力。在《论讽刺》中，鲁迅说过："非写实决不能成为所谓'讽刺'；非写实的讽刺，即使能有这样的东西，也不过是在造谣和污蔑而已。"在《什么是"讽刺"？》里，也强调"'讽刺'的生命是真实"。鲁迅在这里虽然主要是针对文艺创作中的"讽刺"而言，但这条原则也同样适用于论战的场合。在论战的过程中，带有嘲讽和挖苦，都是可以的，用得好，既能使文章增色，还能使对方的谬误暴露得更显豁。但前提是，所嘲讽的，必须是对方实有的弱点；所挖苦的，必须是对方确切存在的丑恶。否则，便非但于对方无损，反而暴露了自己的弱点和丑恶。1935年2月，鲁迅写了《漫谈"漫画"》这篇文章，用引号把"漫画"限制在其本来应有的意义上。鲁迅强调漫画并非是随心所欲地丑化对方，而必须揭示出对方内在的实有的某种精神，不妨是一种夸张的揭示，但总须是有根有据的。鲁迅指出，"漫画的第一要紧事是诚实"，而"无缘无故的将所攻击或暴露的对象画做一头驴，恰如拍马家将所拍的对象做成一个神一样，是毫没有效果的，假如那对象其实并无驴气息或神气息。然而如果真有些驴气息，那就糟了，从此以后，或看越像，比读一本做得很厚的传记还明白"。这在论争中也一样。你嘲讽对方舔痔尝粪，如果他真的"舔"过"尝"过，那无论怎样辩白、洗刷和倒打一耙都无用，而他如果没有过此种动作，那你的嘲讽便只能落空。你挖苦对方见风使舵，如果他真的如墙上草随风摇摆，那他无论怎样恼怒、记仇和强作镇定，他的摇摆形象都会留在人们脑中，而如果他没有过此种行为，那你的挖苦便是无的放矢。在《"大雪纷飞"》中，鲁迅说："人们遇到要支持自己的主张的时候，有时会用一支粉笔去搪对手的脸，想把他弄成丑角模样，来衬托自己是正生。但那结果，却常常适得其反。……如果自造一点丑恶，来证明他的敌对的不行，那只是他从隐蔽之处挖出来的他自己的丑恶……"在所谓笔战中，有人正是因为以自己卑污的心来猜度对方之腹，才把种种污秽都倾倒到对方头上的，那甩到对方脸上的恶臭的血块，正是从自己的腔子里掏出来的。这也正如民间的"泼粪"术。在民间，有人吵不过对方，或自觉受了奇耻大辱时，会挑一担粪，去泼到对方的灶台上，想用这大粪来洗刷耻辱，——但这粪也毕竟只能从自家的茅厕去舀。此种"泼粪"术，在当代文场，又何尝没有。

（三）"止于热骂"。在批驳对方时，在与对方论战时，虽然也不妨嘲讽和挖苦，但一来嘲讽和挖苦须是一种"写实"，二来，嘲讽和挖苦时，须是怀着善意和热情的，须是不损伤自身形象的。即便对手是真正意义上的敌人，你的目的在于消灭他，也不能为消灭而消灭。在《辱骂和恐吓决不是战斗》中，鲁迅在强调应注重"论争"后，说："倘在诗人，则因为情不可遏而愤怒，而笑骂，自然也无不可。但必须止于嘲笑，止于热骂，而且要'嬉笑怒骂，皆成文章'，使敌人因此受伤或致死，而自己并无卑劣的行为，观者也不以为污秽，这才是战斗的作者的本领。"即便要笑骂，基本动机也应是促使对方醒悟，促使文坛健康，促使社会进步，而不能只是以将对手一举封杀为目的。在《什么是"讽刺"？》里，鲁迅也说："讽刺作者虽然大抵为被讽刺者所憎恶，但他却常常是善意的，他的讽刺，在希望他们改善，并非要捺这一群到水底里。……如果貌似讽刺的作品，而毫无善意，也毫无热情，只使读者觉得一切世事，一无足取，也一无可为，那就并非讽刺了，这便是所谓'冷嘲'。"对"冷嘲"，鲁迅是反对的。至于鲁迅自己，笔底是总有一种正气，一股热情的。外冷内热，也正是他文章的一种风格。即使在那些冷峻、刻毒的文字间，也时时让人感到一种忧患，一种焦虑，而这本身便是一种灼热，一种温暖。这源于鲁迅那种执著的启蒙信念，源于他反抗现实改造社会的坚定意向。鲁迅写作，某种意义上，便是在反抗自身心灵深处的绝望，便是在"知其不可为而为"地寻找希望，这也就保证了鲁迅不会陷入那种"毫无善意，也毫无热情"的"冷嘲"中去。一个艰难地寻找温暖的人，不会允许自身再给人间增加冰冷。

　　在强调批评的准则、论争的规范的同时，鲁迅也强调不能把有根有据的批评、正常合理的论争，和造谣、诬陷，都笼统地称之为"骂"。辱骂固然不能算是真正的战斗，但真正的战斗也不能被说成是在辱骂。在对"论争"、"讽刺"、"漫画"的本来意义作了限定的同时，鲁迅也一再强调了"骂"这个字的本意，并指出，这个"骂"字也被极大地误用和滥用了。当用一个"骂"字统称所有的文坛争斗时，是非黑白便都一锅煮了，这实际上是为奸邪丑恶撑起了一顶保护伞，使那些应该受到谴责的现象也找到了逃避谴责的借口。鲁迅多次举例：说良家妇女是娼妓，那是"骂"；而说娼妓是娼妓，却并不是骂，而是指出一种事实而已。若将这两者都统称之为"骂"，那受益的只是娼妓。在1935年1月4日致萧军、萧红信中，鲁迅说："而且现在的批评家，对于'骂'字也用得非常之模糊。由我说起来，倘说良家女子是婊子，这是'骂'，说婊子是婊子，就不是骂。我指明了有些人的本相，或是婊子，或是叭儿，它们却真的是婊子或叭儿，所以也决不是'骂'。但论者却一概谓之'骂'，岂不哀哉。"1934年1月，鲁迅专门写过一篇《漫骂》，强调不能把如实的陈述、批评与污蔑诽谤都在"漫骂"这一名目下混为一谈，这样做，结果只能是"包庇了一切坏种"。在写于1934年11月的《骂杀与捧杀》中，鲁迅说，符合实际的称赞与攻击，不能称之为"骂"与"捧"，"说英雄是娼妇，举娼妇为英雄"，这才是"骂"与"捧"。

　　常听说某人是被"骂倒"的，而文坛上也有些人，对人怀恨在心时，也想一举将人"骂倒"，于是，便将血液中所有的毒汁都集中起来，咬牙切齿地大骂一通，但那结果，却总难如愿。鲁迅认为，如果是真正的谩骂，那是无论怎样凶猛恶毒，都并不能使对手倒掉的。在《骂杀与捧杀》中，他就说："被骂杀的少，被捧杀的却多"。而在写于1935年1月的《"招贴即扯"》中，则说自古至今，从来没有一个人是被骂倒的，

"凡是倒掉的，决不是因为骂，却只为揭穿了假面。揭穿假面，就是指出了实际来，这不能混谓之骂"。同理，也从来不曾有人是被鲁迅"骂倒"的。如果有人因为鲁迅的文章而"倒掉"，那只是因为他的假面被鲁迅揭穿了而已。人们常说鲁迅喜欢"骂人"并善于"骂人"，但准确的说法应该是：鲁迅喜欢"揭穿假面"并善于"揭穿假面"。

常听人说批评家的"骂"，会使作家灰心、寒心，最后死心——不再创作，在家专心抱孩子或"下海"、"上山"去了。鲁迅在写于1934年5月的《推己及人》中，对这种说法也表示了怀疑。那些写不出东西来的作家，也许本来就写不出东西来，"和批评家的漫骂与否无涉"。倒是批评家的"骂"，给他提供了一个令人同情的借口，为他起到了遮羞的作用。在这里，又要提到陈源。据说有人问陈源后来为什么没有创作，他说是被鲁迅骂伤了心，决心远离文坛了。如果真有此事，那鲁迅写于30年代的《推己及人》，倒真可视做是预先对他这种说法的"骂"了。

在当代文坛，将"骂"字误用和滥用的现象也是非常严重的。所有的指出不足、欠缺的文字，都被称之为"骂"，并被视做一种污浊。更有报纸有志于"净化批评"。而"净化"的方式，便是找人来骂"骂"：而骂"骂"者也便趁机把内心的私愤和阴暗尽情地发泄出来。——他们竟不懂得，这样的"净化批评"，不过是在做自抽嘴巴的表演。至于给文坛带来的，决不是洁净，而只能是污臭。

"有热烈的好恶"与"只能令人变小"

鲁迅既强调论争者应遵守的原则、规范，不能用造谣、诬陷和辱骂的方式来代替论争，也强调"观战者"应有的眼光。"观战者"应有起码的是非感和辨别力。对于文坛上的争议、纠纷，常有些"看客"不去细辨是非曲直，而一概斥之为无谓的争端。其实，即使是双方都在意气用事，也有一个谁比较有理、谁更为无理的问题。但"看客"们往往用一句"对骂"来抹煞其中的差别，更有甚者，轻薄地称之为"狗咬狗，一嘴毛"。对此种现象，鲁迅也深为憎恶。

1935年1月，林语堂在《论语》上发表了《做文与做人》一文，把其时文坛上的争议、冲突，说成是"文人相轻"："文人好相轻，与女子互相评头品足相同。……于是白话派骂文言派，文言派骂白话派，民族文学骂普罗，普罗骂第三种人，大家争营对垒，成群结党，一枪一矛，街头巷尾，报上屁股，互相臭骂……原其心理，都是大家要取媚于世。"此种言论，既有些轻浮佻达，更显得肤浅糊涂。鲁迅曾在与人通信中说林语堂"诚太浅陋",林语堂的"浅陋"在这种言论中也充分暴露出来。其时持此种论调者当然并非林语堂一人。针对此类论调,鲁迅七论"文人相轻"。其中一再强调文坛上论争的必要。文人不应该对任何事情都无动于衷,更不应该对一切现象都一律点头,批评家更不应该是和事佬。作家、学者,应该有明确的是非,有热烈的爱憎,而这样,相互间的争论、交锋便不可避免。实际上,文人间的碰撞、摩擦、纠葛、争斗,从未停止过。而文艺也正是在这种不平静、不和谐中突破、创新、开花、结果的。在文艺界,批评和反批评,应该是一种正常的甚至日常的现象。而那些不良甚至恶劣的现象也应该有人敢于出来指责。在《"文人相轻"》中,鲁迅说,倘若文人都相"重",相"护","对于充风流的富儿,装古雅的恶少,销淫书的瘪三,无不'彼亦一是非,此亦一是非',一律拱手低眉,不敢说或不屑说,那么,这是怎样的批评家或文人呢?——他先就非被'轻'不可的!"在《再论"文人相轻"》中,鲁迅说,文人处处顺从、事事随和,消泯了一切爱憎是非,收敛了所有锋芒棱角,这固然于自己很有利,不但安全保险,能让所有人都认可欢迎,更能换取实际的好处,"但做文人做到这种地步,不是很有些近乎婊子了么?"当然,鲁迅也并非说文人应该或不妨傲慢,而是说,不应该遇一切事皆点头地"随和"。对于那种在丑恶面前既不称是也不说非的沉默和回避,鲁迅认为是不可取的。在某种重大的是非面前,有人是事不关己,高高挂起。也有人则是心中虽有着明确的臧否,但却不表露出来。不介入,是为了避免给自己找麻烦。采取这种态度,也能为自己找到理由,例如人有沉默的权利,此事既与己无关,也就没有介入的义务。而鲁迅认为,此种态度是不对的。在重大的是非面前,文人是不应该沉默和回避的,"他得像热烈地主张着所是一样,热烈地攻击着所非"。

人们常常要求批评者看问题要全面,不能攻其一点或赞其一点而不及其余。例如，你说一篇小说结构不好，有人会说：它的语言是好的，你为什么不说？同理，你说一篇小说语言不好，有人会问：它的结构是好的，你为何不论？鲁迅认为，这种全面的要求也是不合理的。批评或赞美时，可以对某个人某部作品，攻其一点或赞其一点而不及其余，但前提是这所"攻"或所"赞"的，确实是对方的所"短"或所"长"。在《"文人相轻"》里，鲁迅说："凡批评家的对于文人，或文人们的互相评论，各各'指其所短，扬其所长'固可，即'掩其所短，称其所长'亦无不可。然而那一面一定得有'所长'，这一面一定得有明确的是非，有热烈的好恶。"要求在评说人事时面面俱到，这有时是十分荒唐的。这正如当你说一个断了一条腿的人是"残疾人"时，有人会反驳你，理由是：他的另一条腿和双手、双眼、双耳，还有鼻子、嘴巴、牙齿都是健康的，你怎么就没有看见呢？

一个毫无论战、争执的文坛，必定如一座大墓，只有腐臭在尽情地滋生。所谓"多元共存"，是以"多元共争"的方式表现出来的。各个"元"，只能在与其他"元"的相争相斗中，确定自身的内涵，也显出自身的独特价值。如与别人没有差异，没有重大的不同，也就不成其为"元"。而有差异，有重大的不同，相争相斗便不可避免。在《再论"文人相轻"》中，鲁迅说："从圣贤一直敬到骗子屠夫，从美人香草一直爱到麻风病菌的文人，在这世界是找不到的。……一有文人，就有纠纷，但到后来，谁是谁非，孰存孰亡，都无不明明白白。因为还有一些读者，他的是非爱憎，是比和事佬的评论家还要清楚的。"

1935年8月，沈从文以炯之的笔名在天津的《大公报》上发表了一篇《谈谈上海的刊物》，对其时上海的种种争论、纠纷，一概称之为"私骂"，且说"凡骂人的与被骂的一股脑儿变成丑角"，并且问："我们是不是还有什么方法可以使这种'私骂'占篇幅少一些？"鲁迅认为这种对文坛相争采取一种纯粹"看热闹"的态度，本身便是错误的。实际上有些人也是喜欢看热闹的。当相争初起时，他也很有兴味地伸长脖子看，这至少也给他沉闷枯燥的生活增添一点乐趣。等到看够了，他出来说话了，但又并不是来评论是非，而是用"对骂"、"私骂"来说明相争毫无必要，十分无聊，不但无益，反而有害。别人的相争，对于这种人倒真是很有益处的。既满足了他看热闹的需要，又给他提供了一个显示自己比相争双方都高明的机会。若说他根本就没看热闹，一开始便是持排斥、拒绝的态度，那也说不过去。如若这样，那他又怎么知道别人句句都是在"对骂"、"私骂"呢？

读了沈从文的文章后，鲁迅写了《七论"文人相轻"——两伤》。其中说，即便是路上两人相骂相打，又何尝没有是非曲直，但看热闹的人却并不去管这层，他们只是张大嘴巴看他们相骂相打，使无聊的日子能片刻地有趣。而文坛上的相争，围观者中，有些也与街头的看客无异。鲁迅强调说："纵使名之曰'私骂'，但大约决不会件件都是一面等于二加二，一面等于一加三，在'私'之中，有的较近于'公'，在'骂'之中，有的较合于'理'的，居然来加评论的人，就该放弃了'看热闹的情趣'，加以分析，明白地说出你究以为那一面较'是'，那一面较'非'来。"

鲁迅"砭锢弊常取类型"，也常常就刺痛了一些人，于是便"打上门来"，这样鲁迅就不免要进行还击。但也并非每有挑战者，鲁迅都应战的。实际上，只有问题涉及一种值得一论的是非，只有还击本身便能具有一种文化上的价值时，鲁迅才会应战的。纯粹的"私骂"，鲁迅一般是并不屑为的。尤其晚年在上海，对鲁迅的群攻现象一刻未停，倘若鲁迅一一应战，也难以想象。鲁迅不屑于结私怨，树私敌。有人或许以为，鲁迅是全身心地陷于文坛纷争之中。这也是一种误解。鲁迅既置身于文坛纷争之中，热烈地主张着所是和热烈地憎恶着所非，又能抽身于文坛纷争之外，做自己该做的事，不让自己完全被文坛纠纷所左右。固然一有文坛，便有纷争。但纷争也分几种层次。一种层次。是因文学和文化观念以及政治立场等的不同而引起的笔战。对于这种层次的纷争，鲁迅是积极介入的。另一种层次，则是文人间为争名夺利而引起的矛盾。总有些人是把文场作为商场、官场的，他们以小商贩和小政客的心态，也以小商贩和小政客的手段，在文坛上拉帮结派、营植排挤，于是有各种谣言和小道消息在流传……30年代的上海文坛，此种情形便很严重。对于这种层次的纷争，鲁迅是避之唯恐不及的。在1936年8月6日致时玳信中，鲁迅最后这样告诫他：

> 临末，恕我直言：我觉得你所从朋友和报上得来的，多是些无关大体的无聊事，这是堕落文人的搬弄是非，只能令人变小，如果旅沪四五年，满脑子不过装了这样的新闻，便只能成为像他们一样的人物，甚不值得。所以我希望你少管那些鬼鬼祟祟的文坛消息，多看译出的理论和作品。

大概这位时玳先生在致鲁迅信中，谈到了文坛上那种低层次的纠纷，鲁迅才有这番劝告。

鲁迅也绝非那种一遇攻击、辱骂便暴跳如雷者。晚年在上海，穷凶极恶的辱骂和满藏杀机的谣言，可谓多矣，鲁迅的胸怀、气量，如果真的狭小些，该早就被气死了。而有些人也的确是屡屡想用诸葛亮"三气周瑜"和"骂死王朗"的手法来除掉鲁迅的。现在有些人，会说鲁迅狭隘，倘若他处在鲁迅晚年那种境地，我不知他会怎样。对于那些辱骂、诬陷，鲁迅都是暂不理会，只是后来在谈到别的问题时，偶尔会顺便回击一下。许广平在《欣慰的纪念·鲁迅先生的写作生活》中回忆说："别人批评他的文章，他或看或不看……骂他的文章，就是寄到手头，他却未必就看，总把它堆在一旁，等到用做材料的时候才去翻它，这时是比较客观的研究了，人家以为他暴跳十丈高，其实更多的是炉火纯青的时候。"

鲁迅晚年之所以有时对攻击者不予理睬，也是基于自身的人生和文学经验。多年的历练，使他一眼便能看出攻击者的分量，从而能判定他们能闹腾多久。对那些泡沫般的人物，他更愿让时间之手去回击他们。在1936年6月21日致郑振铎信中，谈及这类人，鲁迅便说："若与此辈理论，可以被牵连到白费唇舌，一事无成，也就是白活一世，于己于人，都无益处。我现在得了妙法，是谣言不辩，诬蔑不洗，只管自己做事，而顺便中，则偶刺之。他们横竖就要消灭的……"在上海期间，鲁迅虽然写下了大量论战性文字，然而，也同样从事了大量其他活动，光是翻译，字数便很可观。若非又同时抽身于文坛纷争之外，那便别的什么事也干不成的。在1934年5月22日致杨霁云信中，鲁迅也说自己"数十年来，于自己保存之外，也时时想到中国，想到将来，愿为大家出一点微力，却可以自白的。倘再与叭儿较，则心力更多白费"。鲁迅在时间上精打细算，要求每一天都过得有意义。尤其晚年，他更是争分夺秒地做着想做的事。他心中时时有着一些打算、计划，例如什么文章要写，什么书要译，而又自感来日无多，这样也就使得他不可能把心力都用在应战上。何况，在外面叫阵者，又是那样多呢！

在1933年6月18日致曹聚仁信中，鲁迅说过这样一段话："今之青年，似乎比我们青年时代的青年精明，而有些更重目前之益，为了一点小利，而反噬构陷，真有大出于意料之外者，历来所身受之事，真是一言难尽，但我是总如野兽一样，受了伤，就回头钻入草莽，舐掉血迹，至多也不过呻吟几声的。只是现在却因为年纪渐大，精力就衰，世故也愈深，所以渐在回避了。"晚年的鲁迅，身体日见虚弱，疾病每时每刻都在不同程度地折磨着他，也时常要连日卧床休息。在听着窗外杀喊声的同时，鲁迅也清楚地感觉到死神就在窗外徘徊。在这种情形下，对那不断响起的杀喊声，也只能渐渐"回避"了，可以说，这是鲁迅在一群流氓恶棍的"粪帚"前，"败"下阵来。

"一个都不宽恕"这句话，也为鲁迅招来了不小的误解。有人据此便断定鲁迅心胸狭窄，善于记仇。更有些人把这句话作为一种把柄，抓住不放。例如那位梁实秋先生吧，晚年在台湾，还把这句话作为攻击鲁迅的口实。中国广播电视出版社1991年出版过一本《梁实秋怀人丛录》，其中有几篇是关于陈源的，在谈到鲁迅与陈源的论战时，还说鲁迅是"行险侥幸"，而陈源是"正人君子"。在谈到陈源删去原版《西滢闲话》的部分篇章时，还这样写道："删去的一部分，其实是很精彩的一部分，只因事过境迁，对象已不存在，他认为无需再留痕迹，这是他忠厚处。以视'临死咽气的时候一个敌人也不饶'的那种人，真不可同日而语了。"这种对比，真让人不得不说梁实秋身上确有很卑劣的一面。陈源删去与鲁迅论战文字，与其说是"忠厚"，毋宁说是胆怯和知趣。当真相已大白于天下后，还将诬陷他人的证据留着，不是往自己脸上抹黑吗？

至于那句"一个都不宽恕"，不能把它从具体语境中、从上下文的关系中抽出来，孤零零地去理解。

鲁迅临终前不久，写过一篇《死》，其中说到："只还记得在发热时，又曾想到欧洲人临死时，往往有一种仪式，是请别人宽恕，自己也宽恕了别人。我的怨敌可谓多矣，倘有新式的人问起我来，怎么回答呢？我想了一想，决定的是：让他们都怨恨去，我也一个都不宽恕。"鲁迅是在与基督教文化中的欧洲人相比较中说这句话的。在中国，本来没有这种临终仪式，临死时谁也不会想到要宽恕别人和请求别人的宽恕，相反，死后也要作厉鬼复仇，倒是有仇恨在胸者的一种正常的临终心态。"有仇不报非君子"，"君子报仇，十年不晚"，不是中国人的人生信条么，那么，鲁迅说对怨敌"一个都不宽恕"，在最低的层次上，也并没有显得比常人心胸更狭窄了。当然，鲁迅也并不是在这种意义上说这句话的。在1934年5月22日致杨霁云信中，鲁迅说："我的杂感集中，《华盖集》及《续篇》中文，虽大抵和个人斗争，但实为公仇，绝非私怨，而销数独少，足见读者的判断，亦幼稚者居多也。"既是因"公仇"而与人结怨，那么，即使在临死的时候，也没有理由、甚至也没有权利把怨仇一笔勾销。临死时仍不宽恕怨敌，只是意味着临死时仍不放弃毕生坚持的信念和追求。宽恕了怨敌，岂不意味着一生的事业都被否定，意味着一部《鲁迅全集》都是无意义的吗？

可以与"一个都不宽恕"形成对照的，是鲁迅说过的另一番话。在《三闲集》的末尾，有一篇许广平为鲁迅开的译著书目。在一个"倍觉凄清"的春夜，鲁迅检视了一生的劳作后，写下了此时此境中的心绪，其中说："对于为了远大的目标，并非因个人之利而攻击我者，无论用怎样的方法，我全都没齿无怨言。"是否是为了一个远大的目标，是否是为了改变中国现状，是否是为了驱除黑暗战取光明，也是鲁迅用来评判攻击自己者的标准，只要目的是为了中国好，只要动机是为了光明的到来，哪怕对自己攻击得再凶猛和荒唐，鲁迅也能原谅。鲁迅后来与创造社的一些人又团结起来，并肩作战，便是他不结私怨、不树私敌的很好的证明。

最后想说的是，那些曾经与鲁迅为敌的人，他们"临终咽气"时又何尝"宽恕"了鲁迅？标榜"宽容"的梁实秋，"临终咽气"时又何尝"宽恕"了鲁迅？

第六章 多少话,欲说还休

有人用"千古文章未尽才"来表达对鲁迅早逝的遗憾。的确，56岁，正是一个作家，一个学者，一个思想家刚刚步入生命的金秋的时候，然而，鲁迅却在这个年龄辞别了人世。尽管鲁迅未到五十时，便被称为老人且也自认为老人，但放在今日，他应算是"英年早逝"了。如果考虑到母亲鲁瑞老人和两位胞弟周作人、周建人都得享高寿，我们就有理由认为，鲁迅原本也是应该多活几十年的。在这个意义上，用"未尽才"来表达对鲁迅过早离开人间的惋惜，也不无道理。

　　然而，与"未尽才"相比，"未尽情"，"未尽思"恐怕更为合适。鲁迅一生写下过大量文字，发表过许多见解，倾吐过种种情感、思绪，但内心深处最真切的一些感受，最深沉的一些情思，却连同他瘦小的身躯一起，走进了"坟"。有一种普遍的看法，即认为鲁迅是敢说真话，是直抒胸臆的，如果作外在的比较，即将鲁迅与其他人相比，这种特色自然很明显，但如作内在的比较，即把鲁迅已经说出的真话与心里仍留着不说的真话相比，那也许就不能认为鲁迅是尽情说真话、尽情地抒胸臆。鲁迅说出过许多真话，这些真话至今仍振聋发聩，给我们以无可取代的启迪和教益。但用一个大家熟悉的比喻，鲁迅已说出的真话和郁积在心中未说的话相比，恐怕也就如冰山的水面部分和水下部分一样。

"在悲愤中沉静"

人们常常使用"心扉"这样一个很形象化的比喻。如果说心是有着门户的，那么，这门户通常是多重的。每重门里，存放的东西都不一样，越往深处，所藏的便越隐秘。而鲁迅的说真话和抒胸臆，常常不过是开启了外面的几重门，至于心灵最深处的那道门，则大多数时候是紧闭着的，在他一生中，偶然有过半开半闭的时候，至于将那道门完全敞开，则从来未曾有过。

鲁迅的文字，可以分成两种。一种是面对社会的洞察，是表达对某种社会现象的感受、看法；一种是面对内心的审视，是抒发内在的某种情感、思绪。前者可以称之为启蒙性的文字，后者可以称之为抒情性的文字。应该说，那种较纯粹地抒情的文字，表达的是鲁迅内心更深处的情思。但这两部分文字很不成比例，前者大大超过后者。如果说鲁迅著作如一片海，那种较纯粹地抒情的文字，则像海面上星星点点的浮冰。

鲁迅的那些抒情色彩浓烈的文字，大多见于小说集《彷徨》和散文诗集《野草》中，除《野草》中有几篇写于1926年外，这两本集子中的文字，都写于1924和1925这两年。至于到上海以后，这类较纯粹地抒情的文字，便极少了。《准风月谈》中的《夜颂》和《秋夜纪游》这几篇，尚能多少见出《野草》余韵。而这似乎也是为了与当时的新闻检察机关"较劲"才偶一为之的。迫于国民党文化专制的压力，《申报·自由谈》刊出"吁请海内文豪，从兹多谈风月"的启事。鲁迅为显示"谈风云的人，风月也谈得"，为显示"月黑杀人夜，风高放火天"也是一种"风月"，便写了《夜颂》《秋夜纪游》这一类文字，也唯其如此，抒情在这类文章中，只是一种外衣，其笔尖仍然是针对社会现象的。

鲁迅晚年一直居住在上海，虽然始终感觉不适，因而有一种逆旅心态，但文化心态，与北京时期相比，则显得沉静多了。1918年，鲁迅参与新文化运动后，有过一段慷慨激昂的时期，这一时期的文字，大多感情外露，情绪较激烈；新文化运动落潮后，又有过一段悲观、苦闷、彷徨时期，这一时期的文字，大多阴郁、灰暗，甚至有些晦涩，较多地触及了内心最深处的情思。而在上海时期，则既没有那种慷慨激昂，也没有那种阴郁、灰暗和晦涩，文字更从容也更冷峻，更舒缓也更老辣。试将《坟》《热风》等北京时期的杂文与上海时期的杂文对照起来读，便会明显感到两者在语调、情绪上的差异。北京时期的杂文，如果说像那种燃烧着的明火，那么上海时期的杂文，则更像那种通红的炭火。鲁迅晚年的文章，似乎很少"动怒"，甚至很少"动情"，下起笔来，总那么不紧不慢，那样冷静沉着。这当然也有外在原因。上海时期，文网甚密，言论的自由度较北京时期小，稍稍过激一点的文字便不能面世，这也迫使鲁迅在行文时要敛心静气。但这还不是全部原因。另一种原因，恐怕还在于心态的变化。晚年的鲁迅，文化心态又趋于沉静，但这种沉静，并非指心如古井，而是指痛苦的沉淀和凝固。面对同一种丑恶现象，如果在五四高潮期，鲁迅也许会愤激得多，影响到文章，也会更热烈，但在上海时期，则只是慢慢地分析，细细地解剖。

当然，"动情"的时候也有。例如，《为了忘却的记念》，便是晚年较"动情"的文字。但若与写于北京时期的《记念刘和珍君》相比，则情感仍然收敛得多。两篇文章中，都写到了闻知噩耗后的心情，不妨将两者做些对比。

《记念刘和珍君》：

我在十八日早晨，才知道上午有群众向执政府请愿的事；下午便得到噩耗，说卫队居然开枪，死伤至数百人，而刘和珍君即在遇害者之列。但我对于这些传说，竟至于颇为怀疑。我向来是不惮于以最坏的恶意，来推测中国人的，然而我还不料，也不信竟会下劣凶残到这地步。况且始终微笑着的和蔼的刘和珍君，更何至于无端在府门前喋血呢？

然而即日证明是事实了，作证的便是她自己的尸骸。还有一具，是杨德群君的。而且又证明着这不但是杀害，简直是虐杀，因为身体上还有棍棒的伤痕。

但段政府就有令，说她们是"暴徒"！

但接着就有流言，说她们是受人利用的。

惨象，已使我目不忍视了；流言，尤使我耳不忍闻。我还有什么话可说呢？我懂得衰亡民族之所以默无声息的缘由了。沉默呵，沉默呵！不在沉默中爆发，就在沉默中灭亡。

《为了忘却的记念》：

天气愈冷了，我不知道柔石在那里有被褥不？我们是有的。洋铁碗可曾收到了没有？……但忽然得到一个可靠的消息，说柔石和其他二十三人,已于二月七日夜或八日晨,在龙华警备司令部被枪毙了,他的身上中了十弹。

原来如此!……

在一个深夜里,我站在客栈的院子中,周围是堆着的破烂的什物;人们都睡觉了,连我的女人和孩子。我沉重的感到我失掉了很好的朋友,中国失掉了很好的青年,我在悲愤中沉静下去了,然而积习却从沉静中抬起头来,凑成了这样的几句:

惯于长夜过春时,挈妇将雏鬓有丝。
梦里依稀慈母泪,城头变幻大王旗。
忍看朋辈成新鬼,怒向刀丛觅小诗。
吟罢低眉无写处,月光如水照缁衣。

将这两段文字对比,明显感到前者更激烈,叙述、议论、抒情交织在一起,而且抽象的、一般性的议论和抒情较多;而后者,则感情更深沉也更细腻,议论、抒情也更切实。尤其是,后者中,当写到闻知柔石已被杀,且身中十弹时,只写下了"原来如此!……"这样一行文字。这一个惊叹号和一个省略号里,包含着多少悲哀、愤怒,但鲁迅却"欲说还休",把怒火抑制住了。"惨象已使我目不忍视;流言,尤使我耳不忍闻……"这是议论和抒情,与"惯于长夜过春时……"这首诗相比,情绪、心态也很有异。正如鲁迅自己说的,后者让人品出悲愤中的沉静和沉静中的悲愤——而这也正可用来说明鲁迅晚年在上海时期的某种心态。

在写于离粤赴沪前夕的《答有恒先生》中,鲁迅说:"现在倘再发那些四平八稳的'救救孩子'似的议论,连我自己听去,也觉得空空洞洞了。"如果说,在五四新文化运动的高潮期,鲁迅的文字中,那种抽象的、一般性的议论较多,那么,晚年在上海,言论则更为质朴、切实，更偏重于对具体问题进行具体的分析。在上海期间，他曾强调："世间许多事，只消常识，便得了然。"他发现，许多荒唐的现象，荒唐的言论，都是因为无视常识引起的，因此，他常常从常识的角度提出和分析问题。例如，1929年7月26日《新闻报》的《快活林》里，有人写文章称颂成吉思汗对俄国的征服，说什么"谓非吾国战史上最光彩最有荣誉之一页得乎"，鲁迅便指出这是一种"白痴"的说法："成吉思汗'入主中夏'，术赤在莫斯科'即汗位'，那时咱们中俄两国的境遇正一样，就是都被蒙古人征服的。为什么中国人现在竟来硬霸'元人'为自己的先人，仿佛满脸光彩似的，去骄傲同受压迫的斯拉夫种的呢？"在《花边文学》中，还收有一篇《水性》，写于1934年夏季。鲁迅觉得，都市里的人，不但不能浮水，而且似乎连水能淹死人的"常识"也忘记了，"平时毫无准备，临时又不先一测水的深浅，遇到热不可耐时，便脱衣一跳，倘不幸而正值深处，那当然是要死的"。于是鲁迅便告诫人们，要下水，最好是先识得水性，懂得水能淹死人的道理，"学一点浮水功夫"，"其次，倘因了种种关系，不能学浮水，那就用竹竿先探一下河水的深浅，只在浅处敷衍敷衍；或者最稳当是舀起水来，只在河边冲一冲，而最要紧的是要知道水有能淹死不会游泳的人的性质，并且还要牢牢的记住！"同时，他又告诫人们，倘若溺水时，有人来救，"应该毫不用力，一任救者托着他的下巴，往浅处浮。倘若过于性急，拼命的向救者的身上爬，则救者倘不是好手，便只好连自己也沉下去"。这篇文章，因为所论既非一种重大的社会现象，亦非一种思想文化问题，容易被人忽略。但我以为，这正从一个侧面，反映了鲁迅的特异和伟大。很难想象，有另一个具有崇高文化地位的人，会关心夏日里游泳者的生死问题，会提笔写这样的文章。要说启蒙，这也可算一种。这虽然不关乎国民性一类的大问题，但却关乎若干人的生命，——而鲁迅对生命的无价值的丧失，总是很痛心的。在《水性》结尾，鲁迅写道："现在还主张宣传这样的常识，看起来好像发疯，或者是志在'花边'罢，但事实却证明着断断不如此。许多事是不能为了讨前进的批评家的喜欢，一味闭了眼睛作豪语的。"20世纪以来，中国的文学艺术界，文化学术界，常常有人从异域弄过来一些理论学说，完全无视中国实际地大肆贩卖。这些理论学说，像一些五彩斑斓的大气球，在空中飘来飘去。鲁迅在上海期间，也感受到了这种气球的压迫，于是，便常常用一根常识的小刺将其戳破。

悲愤中的沉静，使得鲁迅轻易"不动怒"、"不动情"。有人说，晚年在上海的鲁迅，心态从某种意义上又回到了五四以前坐在会馆里抄古碑的时期，这确乎有一定的道理。在北京经历了五四落潮后的复古与倒退，在广州目睹了国民党"清党"中的屠杀并被血"吓得目瞪口呆"，鲁迅又陷入深深的悲观和绝望。也是在《答有恒先生》中，鲁迅曾说："我觉得我也许从此不再有什么话要说，恐怖一去，来的是什么呢，我不得而知，恐怕不见得是好东西罢。但我也在救助我自己，还是老法子，一是麻痹，二是忘却。"所谓"麻痹"与"忘却"之所以是"老法子"，就因为抄古碑时期用的便是这法子。鲁迅晚年，虽然一直在发言，但内心最深邃最隐秘的一角，却沉默了。心灵最深处的那扇门，贴上了封条。

"其实我何尝坦白"

在收入《坟》中的《论睁了眼看》中,鲁迅指出了中国人的一种文化心理现象,同时也是中国的一种文艺现象,即"瞒和骗"。中国的文人,对于人生和社会的真相,向来没有正视的勇气。先是不敢正视,久而久之,则失去了正视的能力。于是,"瞒和骗"便不仅仅是一种有意识的自欺欺人,更是一种下意识的行为,一种近乎本能的趋向。近乎先天地缺乏正视人生和社会真相的能力,也就意味着近乎先天地具备着"瞒和骗"的能力,——鲁迅对这一点的揭示,是异常深刻的。鲁迅说:"中国人向来因为不敢正视人生,只好瞒和骗,由此也生出瞒和骗的文艺来,由这文艺,更令中国人深深地陷入瞒和骗的大泽中,甚而至于已经自己不觉得。世界日日改变,我们的作家取下假面,真诚地,深入地,大胆地看取人生并且写出他的血和肉来的时候早到了;早就应该有一片崭新的文场,早就应该有几个凶猛的闯将!"

那么，证之于鲁迅自己，情形又如何呢？

鲁迅既敢于又能够正视人生和社会的真相。从根本上来说，这正是使鲁迅成为鲁迅之处，鲁迅的痛苦和伟大在相当程度上都根源于此。与传统文人相反，鲁迅先是不愿自欺，后便是不能；先是不想不睁了眼看人生和社会，后则是想在人生和社会的真相面前闭了眼而不能。"瞒和骗"，应该是一种近乎本能的能力。而鲁迅则像生理上失去了某种免疫功能一样，在心理上失去了"瞒和骗"这种功能，于是，便只得终生品味着深重的苦痛。本来，以鲁迅的资质，以鲁迅对中国社会和中国人心的洞察，完全可以活得潇洒舒适、志得意满，完全不必那样痛苦并过早地离开人间，但由于失去了"瞒和骗"这样一种心理机制，悲苦的命运也就被注定了。坦率地说，鲁迅也曾想找回这样一种心理机制。在《呐喊》的"自序"中，便说："我于是用了种种法，来麻醉自己的灵魂，使我沉入国民中，使我回到古代去，后来也亲历或旁观过几样更寂寞更悲哀的事，都为我所不愿追怀，甘心使他们和我的脑一同消灭在泥土里的，但我的麻醉法却也似乎已经奏了功，再没有青年时候的慷慨激昂的意思了。"所谓"种种法"，也就是读佛经、抄古碑之类。然而，所谓"奏了功"，也仅仅是不再"慷慨激昂"，至于内心的痛苦，却并不能真正消泯。鲁迅是不愿在日记中吐露情感的，但在那段读佛经、抄古碑的时期，日记中有时会有"可哀"、"可怜"这样一些字眼出现，这也说明，虽"用了种种法"，但仍不能真的做到"麻醉和忘却"。"瞒和骗"是一种自欺欺人，在这里，自欺与欺人，并不是两个步骤两件事情，而是同时完成的。鲁迅既不能做到自欺，那么，如果能尽情地把所正视的人生和社会的真相说出来，如果能无所顾忌地把内心的苦闷、愤怨倾吐出来，也许会好受些。然而，鲁迅却不敢，不愿，也不能。于是，他便只得在并不能自欺的情形下"欺人"。这表现在两个方面。一是不把真话说尽，在动笔时瞻前顾后，考虑哪些话可说哪些则不可说；二是有时不

《呐喊》是鲁迅的第一部短篇小说集,《热风》是鲁迅第一本杂文集,记录了鲁迅在"五四"时期的战斗业绩。

免说些自己也并不相信的话。这在某种意义上也是一种对他人的"瞒和骗",尽管这与鲁迅所憎恶的那种"瞒和骗"不可同日而语。

鲁迅多次"闪烁其词"地言及自己并不充分说真话,并且也会说"假话"。

在《写在〈坟〉后面》中:"偏爱我的作品的读者,有时批评说,我的文字是说真话的。这其实是过誉,那原因就因为他偏爱。我自然不想太欺骗人,但也未尝将心里的话照样说尽,大约只要看得可以交卷就算完。"

在《呐喊》的"自序"中:"……但既然是呐喊,则当然须听将令的了,所以我往往不恤用了曲笔,在《药》的瑜儿的坟上平空添上一个花环,在《明天》里也不叙单四嫂子竟没有做到看见儿子的梦……"

在1925年5月30日致许广平信中,鲁迅也说过:"我所说的话,常与所想的不同……我对人说话时,却总拣择那光明些的说出……"

1924年9月24日致李秉中信中,鲁迅说:"其实我何尝坦白?……我不大愿意使人失望,所以对于爱人和仇人,都愿意有以骗之……"

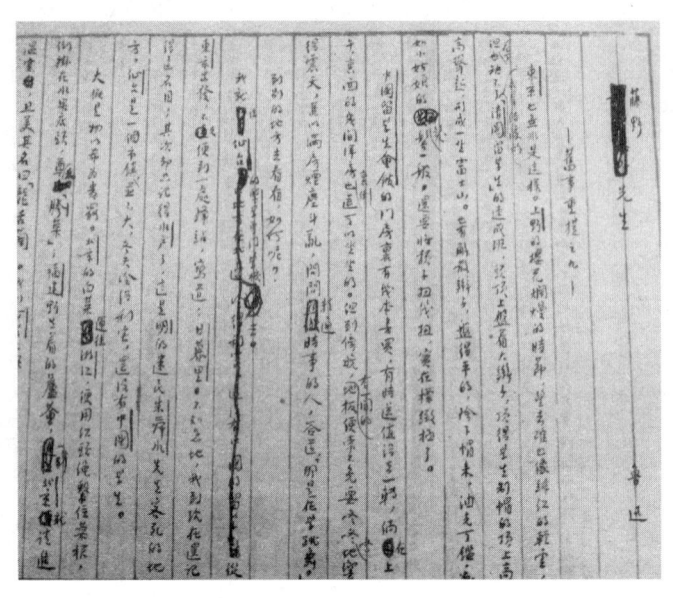

鲁迅《藤野先生》手稿之一页。

  鲁迅晚年，内心最深处的那扇门关得很紧，也可以说，对他人的"瞒和骗"的意识更加明确。在写于1924年2月的小说《祝福》中，鲁迅对"我"是否应该对祥林嫂"瞒和骗"，还是持不肯定态度的。当祥林嫂问"我"人死后是否有灵魂，死了的一家人能否在阴间相见时，"我"用"说不清"来模模糊糊地搪塞过去了。祥林嫂当天夜里便死了。于是，"我"有了些许悔意，觉得"人何必增添末路人的苦恼，为她起见，不如说有罢"。写《祝福》的时候，正是鲁迅的彷徨时期，他正在进行自我审视，正在思索着此后应采取怎样的精神姿态，怎样的发言方式。他虽然觉得有时应该骗骗人，但仍有些犹疑。而晚年在上海期间，这种"骗人"意识却变得很坚定了。在《且介亭杂文末编》中，收有一篇《我要骗人》，写于1936年2月，鲁迅在这篇文章里，写下了这样一些话："为了希求心的暂时的平安，作为穷余的一策，我近来发明了别样的方法，这就是骗人……倘使我那八十岁的母亲，问我天国是否真有，我大约是会毫不踌躇，答道真有的罢。""我要骗人"，——当鲁迅写下这几个字，内心的沉痛是可想而知的。在这篇文章中，鲁迅隐约地透露了对"披沥真实的心的时光"的渴望。我想，鲁迅其实是一直有着将真实的心"无保留地袒露出来"的冲动的。这种冲动，晚年在上海期间也时时在心中涌起。当鲁迅说"我要骗人"时，意味着这种冲动正强烈。对于一个作家来说，最"真实的心"不能披沥，真是一种莫大的苦痛。这"真实的心"，如一条毒蛇，在鲁迅内心最深处挣扎着、奔突着，想要破门而出，不能，它便愤怒地咬啮着鲁迅的胸腔。在一定意义上，也可以说鲁迅是被这条毒蛇活活咬死的。

在《为了忘却的记念》中，鲁迅写到柔石和冯铿时，有这样一段话：

他终于决定地改变了，有一回，曾经明白的告诉我，此后应该转换作品的内容和形式。我说：这怕难罢，譬如使惯了刀的，这回要他耍棍，怎么能行呢？他简洁的答道：只要学起来！

他说的并不是空话，真也在从新学起来了，其时他曾经带了一个朋友来访我，那就是冯铿女士。谈了一些天，我对于她终于很隔膜，我疑心她有点罗曼蒂克，急于事功；我又疑心柔石的近来要做大部的小说，是发源于她的主张的。但我又疑心我自己，也许是柔石的先前的斩钉截铁的回答，正中了我那其实是偷懒的主张的伤疤，所以不自觉地迁怒到她身上去了。——我其实也并不比我所怕见的神经过敏而自尊的文学青年高明。

这段话里，透露出鲁迅的一种隐秘的心思。柔石要作"大部的小说"，竟使鲁迅产生一丝"妒意"，甚至"迁怒"到冯铿。这说明，作大部小说的愿望，在鲁迅心中是一直存在着的。鲁迅渴望着能以一种"大部的小说"的形式，把"真实的心"尽情地倾吐出来，把胸腔里那条躁动不安的毒蛇悉数释放出来，——但终于没有，终于多少话，欲说还休。

鲁迅"真实的心"到底是什么颜色，是怎样的模样，从《彷徨》和《野草》中你能窥豹一斑。不敢揣测鲁迅"真实的心"的全部色彩和内涵，但有一点却可以断言，即这心，是有着相当灰暗、阴郁的部分的，是有着极度的悲观和绝望的。《野草》是"真实的心"的一次有节制的、同时又是曲曲折折的披沥。《野草》的晦涩，除了"不能直说"这种外在的原因外，恐怕也因为鲁迅有意识地下笔朦胧，不想让人把自己的真心看得太清楚，太分明。对自己"真实的心"，鲁迅既不想也不能全部隐瞒，但却又不想也不能全部袒露。可以说，鲁迅写作时总在掂量着、权衡着。

1933年3月，鲁迅出版过一本《自选集》。从已有的许多作品中，选取若干篇，集成一册，通常总是择出那种在艺术上最成功的，或者最具有个人意义的。但鲁迅在收入《南腔北调集》的《〈自选集〉自序》中，却这样说自己的取舍标准："……将材料，写法，都有些不同，可供读者参考的东西，取出二十二篇来，凑成了一本，但将给读者一种'重压之感'的作品，却竭力抽掉了。这是我现在自有我的想头的：'并不愿将自以为苦的寂寞，再来传染给也如我年青时候似的正做着好梦的青年。'"那被抽掉的给读者一种"重压之感"的作品，也就是较多地表现了鲁迅的"真实的心"的作品了。虽云抽掉，但却是"竭力"，也就意味着并未都将"真实的心"抽干净。在是否应该袒露真心以及在多大程度上袒露真心的问题上，鲁迅内心始终是矛盾着的。

《自选集》是从《野草》《呐喊》《彷徨》《故事新编》《朝花夕拾》5本集子中选取的，看看鲁迅选取了哪些，又排除了哪些，或许能从一个侧面窥见鲁迅的"真实的心"。

《野草》中选取的有：《影的告别》《好的故事》《过客》《失掉的好地狱》《这样的战士》《聪明人和傻子和奴才》《淡淡的血痕中》，共7

篇。《野草》集中,最阴郁最冷气逼人的《墓碣文》《颓败线的颤动》《复仇》《复仇(其二)》等都落选了,另一方面,像《我的失恋》《雪》《风筝》《狗的驳诘》《腊叶》这一类比较轻灵的作品,也没被选取。选取的作品,一般都具有这种特色,即既给人一定的"重压之感",又表现出昂扬之情。

《呐喊》中选取的有:《孔乙己》《一件小事》《故乡》《阿Q正传》《鸭的喜剧》,共5篇。《狂人日记》《药》《风波》这几篇都抽掉了。

《彷徨》中选取的有:《在酒楼上》《肥皂》《示众》《伤逝》《离婚》,共5篇。值得注意的是,《孤独者》未选。《在酒楼上》与《孤独者》意旨相似,但《孤独者》显然不但更具有深度和光彩,而且也更能给人以"重压之感",对于鲁迅来说,也最具有个人意义。我猜想,鲁迅在这两部作品的取舍上,一定有过犹豫,有过思想上的斗争。但鲁迅最终还是选取了《在酒楼上》而删去了《孤独者》,这显然有点"两害相权取其轻"的意味。两部作品都算较多地披沥了鲁迅"真实的心",而鲁迅既不愿将两者都淘汰,又不愿选取那更多地表现着自己"真实的心"的《孤独者》,——这种心理,很微妙很耐人寻味。

《朝花夕拾》中选取的有:《狗·猫·鼠》《无常》《范爱农》共3篇。《父亲的病》《琐记》《藤野先生》这几篇记叙着作者心路历程的作品未被选取。

从《野草》中《墓碣文》《颓败线的颤动》《复仇》,《呐喊》中《狂人日记》《药》《风波》,《彷徨》中《孤独者》以及《朝花夕拾》中《父亲的病》《琐记》一类作品的被抽掉,我们可以对鲁迅那"真实的心"有几分了解。而从已选的作品中,则可见出鲁迅的一种心态:既想将真心传递给人,但又不想传递太多。

"我的顾忌并不少"

在《写在〈坟〉后面》中，鲁迅说："有人以为我信笔写来，直抒胸臆，其实是不尽然的，我的顾忌并不少……我毫无顾忌地说话的日子，恐怕要未必有了罢。"鲁迅一直在渴望着能毫无顾忌地说话，能将内心最深处的那扇门彻底打开，将里面积压着、翻腾着、燃烧着的一切都倾泻出来。但他终于没有这样的机会，而且他也深知在自己的有生之年不会有这样的机会，那"真实的心"，只能被带进坟墓。哪怕仅仅从这一点看，也应该说命运对鲁迅是过于残酷了：它使鲁迅丧失了"瞒和骗"的能力，却又不允许他不"瞒"和不"骗"。

那么，鲁迅的顾忌到底有哪些呢？照我的理解，有以下几个方面。

（一）怕唤醒了青年，使之感觉敏锐，徒然感到痛苦。

鲁迅是怀着启蒙的动机提笔写作的。直到晚年，启蒙的意识仍然不曾衰竭。但他又对启蒙始终怀有疑虑。启蒙是否能奏效？如果启蒙的结果，并不能使社会得到改变，而只是唤醒了一部分青年人，使他们在依

五四新文化运动时期的刊物——《新青年》

然黑暗的社会里倍感痛苦，甚至使他们成为旧社会的刀下鬼，那么，唤醒他们也许便是一种"罪过"。《新青年》创刊时，鲁迅之所以并不热心，也就因为对启蒙本身有着怀疑。在《呐喊》的"自序"中，鲁迅曾写到，当钱玄同来建议他写文章时，他作了这样的回答：

> 假如一间铁屋子，是绝无窗户而万难破毁的，里面有许多熟睡的人们，不久都要闷死了，然而是从昏睡入死灭，并不感到就死的悲哀，现在你大嚷起来，惊起了较为清醒的几个人，使这不幸的少数者来受无可挽救的临终的苦楚，你倒以为对得起他们么？

后来鲁迅虽然加入了启蒙者的行列，但先前的担忧并未消失，这就使得他在启蒙时，并不敢把自己所正视到的人生和社会的真相说尽。鲁迅一方面憎恶中国人的"瞒和骗"，但同时又感到，在一个黑暗的社会里，作为个体，还是"瞒和骗"较为容易生存，较少感觉痛苦。

如果说，在先前，鲁迅还只是感到启蒙有可能导致徒然唤醒一部分青年，令他们倍感苦痛的话，那么，在目睹了众多青年人死于政治性的屠杀时，鲁迅的担忧似乎变成现实了。他怀疑遭受苦难的人之中，或许有的正是因为读了自己的文章，受到刺激，心灵被唤醒，于是挺身而出，加入反抗黑暗、改造社会的行列。这种怀疑使他很痛苦。鲁迅觉得自己是在为旧社会的吃人宴席泡制"醉虾"。在《答有恒先生》中，鲁迅倾吐过这样一种"悔恨"：

……我曾经说过：中国历来是排着吃人的筵宴，有吃的，有被吃的。被吃的也曾吃人，正吃的也会被吃。但我现在发现了，我自己也帮助着排筵宴。先生，你是看我的作品的，我现在发一个问题：看了之后，使你麻木，还是使你清楚；使你昏沉，还是使你活泼？倘所觉的是后者，那我的自己裁判，便证实大半了。中国的筵席上有一种"醉虾"，虾越鲜活，吃的人便越高兴，越畅快。我就是做这醉虾的帮手，弄清了老实而不幸的青年的脑子和弄敏了他的感觉，使他万一遭灾时来尝加倍的苦痛，同时给憎恶他的人们赏玩这较灵的苦痛，得到格外的享乐。我有一种设想，以为无论讨赤军，讨革军，倘捕到敌党的有智识的如学生之类，一定特别加刑，甚于对工人或其他无智识者。为什么呢，因为他可以看见更锐敏微细的痛苦的表情，得到特别的愉快。倘我的假设是不错的，那么，我的自己裁判，便完全证实了。

所以，我终于觉得无话可说。

在被血吓得"目瞪口呆"后，鲁迅有了如此沉痛的反省。如果说，真话才说了几分，便成了泡制"醉虾"的"帮手"，那以后便只能把重重心扉都紧闭了。

在《答有恒先生》发表后，鲁迅收到一封署名"一个被你毒害的青年Y"的来信，直指鲁迅为"元凶"，对鲁迅发出"警告"："好在你自己也极明白：你是在给别人安排酒筵，'泡制醉虾'的一个人。我，就是其间被制的一个！……《呐喊》出版了，《语丝》发行了……《说胡须》，《论照相之类》一篇篇连续地戟刺着我的神经……利，莫利于失望之矢。我失望，失望之矢贯穿了我的心，于是乎吐血。转辗床上不能动已几个月！……不知不识幸福了，我因之痛苦。然而施这毒药者是先生，我实完全被先生所'泡制'。先生，我既已被引至此，索性请你指示我应走的最终的道路。不然，则请你麻痹了我的神经……末了，更劝告你的：'你老'现在可以歇歇了，再不必为军阀们赶制适口的鲜味，保全几个像我这样的青年……"（《三闲集·通信》）鲁迅收到这封信时，心情一定是很沉重的。当时他说话，已经是顾虑重重，很有分寸了，已经是苦心孤诣地删除些黑暗，装点些光明了，尚且难免"诱杀青年"，若将"真实的心"都显露出来，后果岂不更加严重。

离开广州时，鲁迅本来有一种打算，即从此以后不再说话，让自己的名字"从社会上死去"。但在上海期间，虽然内心最深处的东西是掩藏得更严实了，到底还是继续说话了。原因之一，似乎与一到上海便受到"创造社"的围剿有关。鲁迅离开广州时，是怀着"诱杀青年"的内疚的，以为自己的文章，唤醒了一部分青年，使他们反抗现实，从而被杀。而"创造社"却认为鲁迅已经"过时"和"落伍"，是"二重的反革命"；认为鲁迅作品使青年人消沉颓废，瓦解了青年的斗志，阻碍了青年走向革命之路。这虽然一方面使鲁迅感到愤怒，另一方面也使他感到"轻松"。这样说来，青年的被杀，就与自己的文章并无干系了，那么，内疚和负罪感也就大可不必了，再弄弄笔，写写文章，也就无妨了——我们今天也许应该感谢"创造社"当年对鲁迅的围剿，如果没有他们的围剿，也许上海时期的鲁迅就并不存在。

（二）对自己内心深处的一些感悟，鲁迅又始终不能确信，不敢断定自己所正视的，就是人生和社会的全部真相。

对个体的有限性，鲁迅有着清醒的认识。他觉得，自己的经历毕竟有限，自己的耳闻目睹再丰富，也毕竟只是一己的经验，即使自己上下四方地寻求都找不到坚实的希望，也不能便遽然肯定人世间决无希望。基于这样一种心理，鲁迅也对吐露自己的"真实的心"有着疑虑。他怀疑自己对人生和社会的"疑"，怀疑自己那颗"真实的心"不过是一枚未成熟的酸果，甚至是毒果，奉献出来，或许会有害于青年。也同样是基于对自身内心深处的绝望的怀疑，鲁迅又终其一生都并不愿意彻底放弃对希望的寻求，"绝望的抗战"的过程，也就是怀着绝望执著地寻找希望的过程。所谓"绝望之为虚妄，正与希望相同"，传达的也就是这样一种心态。

这样一种自我怀疑的心绪，鲁迅也多次流露过。在给许广平的信中，鲁迅曾说：

……我所说的话，常与所想的不同，至于何以如此，则我已在《呐喊》的序上说过：不愿将自己的思想，传染给别人。何以不愿，则因为我的思想太黑暗，而自己终不能确知是否正确之故。至于"还要反抗"，倒是真的，但我知道这"所以反抗之故"，与小鬼截然不同。你的反抗，是为了希望光明的到来罢？我想，一定是如此的。但我的反抗，却不过是与黑暗捣乱……总而言之，我为自己和为别人的设想，是两样的。所以者何，就因为我的思想太黑暗，但究竟是否真确，又不得而知，所以只能在自身试验，不敢邀请别人……（《两地书》二四）。

在《写在〈坟〉后面》中，也说：

倘说为别人引路，那就更不容易了，因为连我自己还不明白应当怎么走。中国大概很有些青年的"前辈"和"导师"罢，但那不是我，我也不相信他们。我只很确切地知道一个终点，就是：坟。然而这是大家都知道的，无须谁指引。问题是在从此到那的道路。那当然不只一条，我可正不知那一条好，虽然至今有时也还在寻求。在寻求中，我就怕我未熟的果实偏偏毒死了偏爱我的果实的人，而憎恨我的东西如所谓正人君子也者偏偏都矍铄，所以我说话常不免含胡，中止，心里想：对于偏爱我的读者的赠献，或者最好倒不如是一个"无所有"。我的译著的印本……每一增加，我自然是愿意的，因为能赚钱，但也伴着哀愁，怕于读者有害，因此作文就时常更谨慎，更踌躇……还记得三四年前，有一个学生来买我的书，从衣袋里掏出钱来放在我手里，那钱上还带着体温，这体温便烙印了我的心。至今要写文字时，还常使我怕毒害了这类的青年，迟疑不敢下笔……但也偶尔想，其实倒还是毫无顾忌地说话，对得起这样的青年。但至今也还没有决心这样做。

在鲁迅心中，始终有着另一个"我"。这个"我"，怀疑一切，悲观绝望，并渴望以某种极端的方式破釜沉舟地报复社会。鲁迅把他加上手铐脚镣，禁闭在内心最深处。而这个"我"却在那里咆哮着，要脱身而出。鲁迅时常站在他囚室的门边与他辩论、争吵。我以为《孤独者》这篇小说，其实表现的就是鲁迅与心中的另一个"我"的这种辩论和争吵。小说中的"我"，一定意义上便是现实中的鲁迅，而魏连殳则是鲁迅心中的那个"我"，也可以说是另一个鲁迅。这篇小说可以说是鲁迅对自身灵魂的拷问，多少有点陀思妥耶夫斯基的作品的气息。

"原来他是一个短小瘦削的人，长方脸，蓬松的头发和浓黑的须眉占了一脸的小半，只见两眼在黑气里发光。"这是小说里对魏连殳外貌的描写。但这分明像是鲁迅对着镜子里的自己描摹的形象。小说叙述了魏连殳的心路历程，而这心路历程，也可以说是鲁迅照着自己的心灵轨迹刻画的。魏连殳最后采取那种自暴自弃的方式报复社会，躬行先前所憎恶所反对的一切，拒斥先前所崇仰所主张的一切，——鲁迅在现实中当然不曾走到这一步，但这种念头，却可能在鲁迅心中执拗地存在过。

《孤独者》中，当"我"读到魏连殳告知做了杜师长顾问的信后，虽然"总有些不舒服"，"而同时可又夹杂些快意和高兴"。为魏连殳的"堕落"而"快意和高兴"，其实也就是为自身另一种可能的选择而"快意和高兴"。小说中，写了魏连殳"堕落"以前，怎样饱尝着人情冷暖，世态炎凉，正是在生路都绝的情形下，他才愤而"堕落"的。这样一种"堕落"，既意味着一种人生的大失败，也意味着一种人生的大解脱、大舒适、大胜利。

在厦门时，鲁迅曾对许广平写下过这样的话："我在静夜中，回忆先前的经历，觉得现在的社会，大抵是可利用时则竭力利用，可打击时则竭力打击，只要于他有利。我在北京这么忙，来客不绝，但一受段祺瑞，章士钊们的压迫，有些人就立刻来索还原稿，不要我选定，作序了。其甚者还要乘机下石，连我请他吃过饭也是罪状了，这是我在运动他；请他喝过好茶也是罪状了，这是我奢侈的证据。借自己的升沉，看看人们的嘴脸的变化，虽然很有益，也有趣，但我的涵养功夫太浅了，有时总还不免有些愤激，因此又常迟疑于此后所走的路。"这与《孤独者》中魏连殳的遭遇心境颇相似。紧接着，鲁迅在写到今后的生活打算时，有一条是这样的："再做一些事，倘连所谓'同人'也都从背后枪击我了，为生存和报复起见，我便什么事都敢做……"(《两地书》七三) 这里的"什么事都敢做"，曾令我寻思过许久。我想，这也包括像魏连殳那样采取"堕落"的方式报复社会。写到这里，我又想起鲁迅在《三闲集》的《通信》中对那个身心交瘁、请教出路的青年的两条回答，第一条是"要谋生，谋生之道，则不择手段"。这"不择手段"，已让人感到一丝冷气了，而还要说："真话呢，我也不想公开"。那么，比"不择手段"更真的"真话"又是什么呢？……

在陀思妥耶夫斯基和尼采那里，如果没有上帝，便什么都可以做。而在鲁迅那里，则是如果没有希望，便什么都可以做。所谓"我的思想太黑暗"，所谓"灵魂里有毒气和鬼气"，就是指这种阴郁的想法吧。不过，鲁迅把这样的念头、这样的思想紧锁在心中了。他只是利用小说的形式，让魏连殳这个人物实验了一下心中的想法，聊且"高兴和快意"一番，自己则并不会真的跨出这一步。从创作心理的角度看，《孤独者》这篇小说的创作，也有心理宣泄的成分吧。在极度绝望、苦闷、怨愤的情形下，鲁迅把心中那涌动着的黑暗的念头在魏连殳这个小说人物身上"现实化"，让魏连殳去实行自己虽也想做但终于"不忍"做的事。不过，鲁迅并没有忘记在魏连殳"堕落"后不久即把它送进棺材，因为他深知，那种故作的"堕落"，并不能驱除内心的痛苦，虽然在表面上报复了社会，但内心的痛苦或许更甚，所以，终究是活不长久的。鲁迅虽然因为种种顾忌而不愿把内心深处的一些想法说出，但通过魏连殳这个人物的"堕落"，已经能让我们窥见他"真实的心"的一角了。

不过，小说中的"我"对魏连殳的思想和选择，也就是现实中的鲁迅对心灵深处那些阴暗的想法，毕竟是怀疑的。小说中的"我"，最后逃跑一般地离开了魏连殳的穿着军服的尸体，而现实中的鲁迅，则终于把那些阴暗的想法封存在内心最深处。固然，如果没有希望，便什么都可以做。然而，又怎能确信人类就真的没有希望呢？只要活着，就不应该把内心最深处囚禁着的那个"我"释放出来；只要活着，就应该继续对希望的寻求——这样一种思想，终于在鲁迅身上占着上风。在《热风》集中，收有一篇《无题》，说的是买点心时遇到的一件小事。一次，鲁迅买好了8盒点心，将它们装入衣袋时，瞥见伙计"正揸开了五个指头"，罩住了别的点心。鲁迅于是不高兴地拍着伙计的肩膀，告诉他这样做大可不必。鲁迅本以为伙计一定要强辩，但伙计却立即"惭愧"地抽回手去，"于是我也惭愧了"：

  这种惭愧，往往成为我的怀疑人类的头上的一滴冷水，这于我是有损的。
  夜间独坐在一间屋子里，离开人们至少也有一丈多远了。吃着分剩的"黄枚朱古律三文治"；看几叶托尔斯泰的书，渐渐觉得我的周围，又远远地包着人类的希望。

  鲁迅心灵异常敏感，常从人类的一些细小言行中，感觉到人类的自私、邪恶，因而对人类感到绝望；然而，另一方面，也能从人类的一些细小言行中，感觉到人类的向上向善的可能，因而，不肯放弃希望。
  不肯最终放弃希望，终于使鲁迅把内心最深处那扇门紧锁起来。在晚年，这扇门开启的次数极少，即使偶一开启，幅度也极小。晚年的鲁迅，在悲愤中沉静，在沉静中绝望，而在绝望中又奋起反抗绝望。
  （三）将真心和盘托出，在中国社会便难以生存，这也是鲁迅吐露真心的一种顾忌。
  以鲁迅对中国社会的洞察，他深知，持"异端邪说"者，在中国都难免被迫害的命运，自己内心深处的那些想法如全部说出，会成为"人人皆可得而诛之"的"罪人"。在《写在〈坟〉后面》中，鲁迅说过：

  ……我的确时时解剖别人，然而更多的是更无情面地解剖我自己。发表一点，酷爱温暖的人物已经觉得冷酷了，如果全露出我的血肉来，末路正不知要到怎样。我有时也想就此驱除旁人，到那时还不唾弃我的，即使是枭蛇鬼怪，也是我的朋友，这才真是我的朋友，倘使并这个也没有，则就我一个人也行，但现在我并不。因为，我还没有这样勇敢，那原因就是我还想生活，在这社会里。还有一种小缘故，先前也曾屡次声明，就是偏要使所谓正人君子也者之流多不舒服几天，所以自己便特地留几片铁甲在身上，站着，给他们的世界上多有一点缺陷，到我自己厌倦了，要脱掉了的时候为止。

在"瞒和骗"已成习性的社会里，说破人生和社会的真相，往往会犯众怒。有许多事，可以做，但不可以说。做则无妨，说则大逆不道。鲁迅不把"真实的心"全都袒露出来，也是一种必要的自我保护，是一种"避免赤膊上阵"的"壕堑战"。鲁迅晚年在《世故三昧》一文中，说起过在教育部供职时的一件事。那时，同事们常说某女学校的学生，是可以叫出来嫖的，连机关的地址门牌都说得清清楚楚。有一次鲁迅偶然经过这里，便留心那门牌，发现这一号，是一小块空地，有一口大井，一间很烂的小屋，住着几个卖水的山东人，"决计做不了别用"。待到同事下回再谈起这件事时，鲁迅便说出他的所见来，于是大家笑容尽敛，不欢而散，"此后不和我谈天者两三月"。其实大家也都并不相信自己的所说，只不过为了"使扯淡的嘴巴有些味道"，才煞有介事地这样说着的。而如此小假象，一经戳破，便有持续数月的怨恨，那些更大更紧要的假象倘一一戳破，岂不要死无葬身之地。

（四）为了不让内心深处的绝望将自己淹没，鲁迅也要竭力阻挡这绝望的奔流而出。

我常想，鲁迅的人生有着三种可能。一种是已有的坚持"绝望的抗战"的姿态，以这种姿态，鲁迅活到了56岁。一种是《孤独者》中魏连殳的人生形态，这其实是以精神和肉体双重自杀的方式报复社会。鲁迅如果选取这种方式，多半还活不到56岁。还有一种可能，便是精神崩溃，变成疯子。像鲁迅这样长期受着痛苦的煎熬的人，像鲁迅这样精神始终处在重压之下的人，居然没有疯狂，也真可谓一种奇迹。在宗教信仰者那里，对人世彻底绝望后，还可以在尘世之外找到精神支点，而鲁迅所有的，只有一个人间，对人世绝望后，精神并没有别的寄寓之所。当然，人生还有一种可能，便是自杀。而鲁迅偏不肯自杀。对于那些爱他并希望他活着的人，鲁迅不愿令他们失望；而对于那些恨他并希望他死去的人，鲁迅偏不让他们得意。这样，为了防止精神崩溃，鲁迅便不得不不断地在心中作着一种"防洪"的努力，不断地在心中筑着一道堤岸，以阻止那绝望的洪水澎湃而出。在1924年9月24日致李秉中信中，他曾说：

……我也常常想到自杀，也常想杀人，然而都不实行，我大约不是一个勇士……我自己总觉得我的灵魂里有毒气和鬼气，我极憎恶他，想除去他，而不能。我虽然极力遮蔽着，总还怕传染给别人……

鲁迅憎恶着自身灵魂里的"毒气和鬼气"，憎恶着自身"本真的心"，想清除既不可能，那便只有"竭力遮蔽"，而这方式，便是仍然执著地在人世间寻找希望，即使永远寻找不到，这寻找的本身，便是一种对灵魂里的"毒气和鬼气"的扼制。——就这样，活到了56岁，可真不容易！

第七章 临终情怀

1935年9月19日，鲁迅在致王志之的信中，写下过这样的话：

年来因体弱多病，忙于打杂，早想休息一下，不料今年仍不能，但仍想于明年休息……

过去读到这里时，并未留意。这次为写晚年鲁迅而又一次翻阅这期间的鲁迅书信，双目却被这"想于明年休息"碰得微微作痛。这真像是一句谶语。整整一年零一个月以后，也就是1936年10月19日，鲁迅终于永久地闭上了双眼。晚年深深感到自己需要好好休息一下，也常打算着要好好休息一下，但却终于未能好好休息一下的鲁迅，在这一天不得不永远地"休息"了。其实，晚年的鲁迅，生命像一根绷得太紧的绳索，早就一股接一股地在断着，而且自己也清晰地听到了那断裂声，那最后一股，终于断在了1936年10月19日的黎明之前。

这年夏季，鲁迅病得正厉害时，史沫特莱曾请来一名美国医生为鲁迅看病，据称这位医生是其时上海两个医术最高明的肺病专家之一。他察看了鲁迅的病情后，为鲁迅与疾病作过的抗争而惊讶。他说：倘是欧洲人，则早在5年前就死掉了。那么，鲁迅一分一秒地从死神那里夺得了5年岁月。但在1936年10月19日这一天，退让得太久的死神终于不再"宽容"了，在凌晨5时25分，他切断了鲁迅的生命电源。在这个季节，这正是一天中最黑暗的时刻。让对黑暗憎恶了一生也为光明战斗了一生的鲁迅在这个时分告别人世，我并不感到死神的残酷，相反，倒感到死神的仁慈，也体现了死神对鲁迅的深刻理解。我无端地觉得，在这样的时分与人世告别，对鲁迅是很合适的。他的生命理应终结在如磐的夜气中。至于为什么有这样一种感觉，却很难说清。我只能说，鲁迅从未祈求能活着看到光明的到来，从未奢望过能在晨光中死去……

"我们既然生着人头，努力来讲人话罢！"

现在，走进上海山阴路大陆新村9号鲁迅故居的那间卧室兼书房，就会看见书桌上压着几张原稿，那是鲁迅未写完的《因太炎先生而想起的二三事》。鲁迅最后一次在这张木桌前将那枝"金不换"套上，是1936年10月17日上午，——辞世的前两天。

"早想休息一下"，——鲁迅晚年时时有这种念头，然而，却始终不过是想想而已。要赶快做，要在死神下手之前，多为中国做些事情，多为将来留下点财富，——这另一种念头总占着上风。这使得鲁迅每每在病情稍好、勉强能起坐时，便立即坐在了桌前。

10月17日上午，鲁迅把未写完的《因太炎先生而想起的二三事》的稿子压在桌上，准备稍后再执笔写完。午后，他独自出门，想散散步，途中，遇到了正要来访的胡风，于是便一同到日本友人鹿地亘的住处，谈话直到傍晚。据鹿地亘回忆，鲁迅那天"希罕地戴了帽子"。从鹿地亘那里出来后，鲁迅又去了内山书店。在内山书店，当被问及对中日关系前景的看法时，鲁迅还发表了这样的见解："我认为中日亲善和谈，要在中国军备达到了日本军备的水准时，才会有结果，但这不能担保要经过几年才成。比如：一个懦弱的孩子和一个强横的孩子二人在一起，一定会吵起来，然要是懦弱的孩子也长大强壮起来，就会不再吵闹，而反能很友好地玩着。"

这天，鲁迅在内山书店没有久留。回到寓所后不久，三弟周建人来了。他又托周建人替他找房子。其时中日关系愈来愈紧张，鲁迅急于搬离日本人聚居的北四川路。这天晚上，他对周建人说，只要房子看好了便立即搬，电灯没有也不要紧……

送走周建人，鲁迅到次日凌晨1时才躺下。据许广平回忆，鲁迅一合眼便做噩梦。三时半醒来坐起，气喘发作……许广平清晨请来医生，服药、注射，又从床上移到藤椅上。早晨8点多钟，报纸到了，他问许广平："报上有什么事体？"许广平把报上的消息大致告诉了他，以为这样他便可以不亲自看了，然而，他却执拗地说："报纸把我，眼镜拿来。"——此时，离他告别这个世界，还有二十多个小时。

如果说鲁迅是猝死，他分明病了那么久，很长时间以来，一直在服药，注射；如果说鲁迅是久病而死，他分明前两天还在写文章，还在散步，访友，计划着搬房子，甚至临终前二十个小时，还在读报纸，在热切地关心着人间的事情……

其实，晚年在上海，死的预感一直如一条阴冷的蛇一般盘踞在鲁迅心头。在与友人的通信中，这种预感也常常若隐若现地流露着。

在1935年3月13日致陈烟桥信中，鲁迅说："近半年来，因为生了一场病，体力颇减，而各种碎事，仍不能不做，加以担任译书等等，每天真像做苦工一样，很不快活，弄得常常忘却，或者疏失了。这样下去，大约是不能支持的。"

在1935年3月23日致曹靖华信中，也说："从一月起，给一个书坊选一本小说，连序于二月十五交卷，接着是译《死灵》，到上月底，译了两章，这书很难译，弄得一身大汗，恐怕还是出力不讨好……别的琐事又多，会客，看稿子，绍介稿子，还得做些短文，真弄得一点闲工夫都没有，要到半夜里，才可以叹一口气，睡觉。……其实是照现在的情形，大约体力也就不能持久的了，况且还要用鞭子抽我不止，唯一的结果，只有倒毙。很想离开上海，但无处可去"

在1935年4月1日致曹聚仁信中，言及中国人办事之慢，似乎不经意地说："一个人活五六十岁，在中国实在做不出什么事来……"我们今天读来，这也具有谶语的意味。既是泛泛而言，那为何非要以"五六十岁"为限呢，这无非说明，鲁迅是在有意无意地说着自己，他清楚地知道，自己很难活得稍久。

尤其在临终的前半年里，死的预感是更为强烈更为确切了。通常，在知道死之将至时，人会有一种万念俱灰之感。死是对生前的一切的取消。所有的希望和绝望，所有的奋斗和挣扎，所有的屈辱和反抗，所有的痛苦和欢欣……在死亡面前都变得没有意义。也因此，人在死亡面前，通常心灵会变得平静，随和，是非恩怨都消泯了。然而，鲁迅的情形却正相反。在临终前的半年里，鲁迅的肉体之火虽像油将燃尽的灯焰一般愈来愈弱，但鲁迅的心灵之火却燃烧得噼啪作响，热烈异常。《关于太炎先生二三事》《我的第一个师父》《半夏小集》《这也是生活……》《死》《女吊》以及7则《"立此存照"》，这些在这段时间里写下的文章，留下的文字，使临终的鲁迅，显得如此明丽、灿烂。鲁迅那本来便熊熊燃烧着的精神之火，在最后的时刻，不是渐小，渐暗，缓缓熄灭，而是冲天而起，发出更为奇异的光……

在清醒地意识到生命行将结束时，鲁迅不是万念俱灰，却是思想异常腾跃。死的预感给万念都平添活力。没有对生命意义的怀疑，没有感到所做过和一切都是徒劳。要说对生命意义的怀疑，鲁迅早就有过了，用不着死亡来唤起这份怀疑。要说绝望，鲁迅本一直把它深埋在心底，用不着死亡再携来一份绝望。鲁迅曾经体味过的怀疑和绝望，远比死亡通常给人带来的怀疑和绝望要深刻、丰厚、沉重得多。有这样的一份怀疑和绝望垫底，死亡所附着的怀疑和绝望便无法进入鲁迅的心中。"哀莫大于心死"。当年在北京的绍兴会馆里读佛经抄古碑时，鲁迅的心便死过一回。那样的心死，远远比死亡的预感所带来的万念俱灰要惨痛得多，难耐得多。有过这样的经验，死亡的预感便不能让心灵先于肉体而死去。

自从从佛经和古碑中脱身而出，鲁迅本就是在作着"绝望的抗战"，本就怀着一种"知其不可为而为"的决意。既如此，死亡的巨手便无力摧毁鲁迅的精神。

死亡的预感不能使鲁迅万念俱灰，也因为鲁迅从不以有生之年来计算生命的意义，奋斗的价值。他清楚地知道，自己所做的一切，都是为"将来"。"将来"这个字眼，在鲁迅笔下常常出现。"将来"能少一份黑暗多一份光明，这是鲁迅执著的希望。——而"绝望之为虚妄，正与希望相同"。

鲁迅自称"死的随便党"。对死，鲁迅并无恐惧。当年，在绍兴会馆里，读佛经，抄古碑，他甚至暗自期望着死快些来。对黑暗的人世，鲁迅在意识里有明显的厌弃，然而，他临终前一段时间突然升腾着的精神之火，却又无可置疑地说明，他对人世有着何等的热爱和留恋。一个厌世者，决不会在清晰地听到了死神的叩门声时，还对人世那样关切，还有对人世的那样一种灼热的爱憎，并鲜明地把这种爱憎表露出来。鲁迅临终前一段时间里写下的文字，里面的情感思绪，都是高度浓缩性的，——往往把一生的体验，浓缩在一两行文字中。

在意识到死之将至时，人当然会回首过去，把一生都放在眼前细细审视。鲁迅也不例外，但鲁迅却对当下也丝毫未能忘情。那临终前不久写下的7则《"立此存照"》，便多是对当下的针砭。

1936年9月27日，在《申报》出版的《儿童专刊》上，有人对"小朋友"说，中国人"杀害外侨，这比较杀害自国人民，罪加一等"。鲁迅读后，愤慨异常，便提笔写了一段文字，其中说："不要把自国的人民的生命价值，估计得只值外侨的一半，以至于'罪加一等'。主杀奴无罪，奴杀主重办的刑律，自从民国以来（呜呼，二十五年了！）不是早经废止了么？"最后说："而这也是关于我们的子孙。大朋友，我们既然生着人头，努力来讲人话罢！"在9月28日随稿所附的致黎烈文的信中，鲁迅说："我仍间或发热，但报总不能不看，一看，则昏话之多，令人发指。例如此次《儿童专刊》上一文，竟主张中国人杀日本人，应加倍治罪，此虽日本人尚未敢作此种主张，此作者真畜类也。草一《存照》，寄奉，倘能用，幸甚。"愤恨和急于斥责之情，溢于言表。鲁迅写下的，就是收在全集中的《"立此存照"》之七。它在鲁迅辞世后一日才发表出来。

《儿童专刊》上的那篇文章，使鲁迅气了很久。据胡风回忆，那些日子里，每当有朋友来访，鲁迅就激动地说："因为病,不能看用脑子的书,但报纸总不能不看。以为翻儿童读物总该没有什么罢,一翻就翻出了这样的东西!什么话!中国人的生命比外国人低贱,已经开始替人来向孩子们灌输奴才思想了。"

鲁迅读过的"昏话",听过的"人首畜鸣",可谓多矣。而《儿童专刊》上的那篇文章之所以对临终的鲁迅刺激那样大,就因为它是在对儿童说话,是在对孩子们施行奴化教育,是在替入侵者对中国的下一代"治心"。这是最令鲁迅无法容忍的。

在生命行将结束时,鲁迅回首过去,但肯定更瞻望将来。而将来是子孙的将来。鲁迅毕生的呼号、劳作,都是为着将来的中国能比现在好一些,都是为着子孙们能比先辈精神更健全些。正在他这样瞻望着和希望着的时候,却看见仍有人对子孙们施以这样的教育,他的痛苦和愤恨当然也就无法抑制了。

"战斗的文章,乃是先生一生中最大,最久的业绩"

鲁迅憎恶暮气。他在晚年,虽然身体日衰,虽然时时预感到死之将至,但精神上却不带一丝一缕暮气。而在临终前的半年间,精神却加倍地朝气蓬勃。这样一种精神现象,至少在中国文人中,实属罕见。

年轻时也愤激,热烈,对现实感觉不满且敢于反抗,但年岁稍长,便豪情消尽,暮气沉沉,不但不再有改变现实的意愿和活力,且对一切"过激"言行,都摇头皱眉,——这在中国文人中,是一种常见的现象。尤其是稍有地位、名利双收后,更容易被整合到社会的既得利益阶层中去,成为这个阶层中的一员,于是,从此为保住既得的一切,便站在激进、热烈的青年的对立面。这类人,当初以反抗起家,待到自己也跻身原先所反抗的阶层中后,便憎恶一切反抗之举了。当初的反抗,不过是一种进身的手段。

对文人的这种现象,鲁迅有痛切的感受。早在五四新文化运动的高潮过去后,鲁迅便目睹了同一阵营的战友,有的颓唐,有的高升,有的退隐，纷纷精神变节，从而感到极大的孤寂和悲哀。临终前的一段时间，鲁迅仍然在思考着这个问题。辞世前十天，鲁迅写了《关于太炎先生二三事》，就是以自己的眼光，对章太炎一生进行评价，指出章太炎身上，最有价值的一部分在哪里。章太炎固然是国学大师。但他早年是激进的革命家，豪气冲天，斗志凌云，曾经与论敌们进行过硝烟浓烈的论战。"后来，却退居于宁静的学者，用自己所手造和别人所帮造的墙，和时代隔绝了"。章太炎便是由激进变为颓唐的一例。后来出《章氏丛书》时，早年那些与复古保守者论战的文字也都不收入。而鲁迅却说："我以为先生的业绩，留在革命史上的，实在比在学术史上还要大。……考其生平，以大勋章作扇坠，临总统府之门，大诟袁世凯的包藏祸心者，并世无第二人；七被追捕，三入牢狱，而革命之志，终不屈挠者，并世亦无第二人。这才是先哲的精神，后生的楷范。近有文侩，勾结小报，竟也作文奚落先生以自鸣得意，真可谓'小人不欲成人之美'，而且'蚍蜉撼大树，可笑不自量'了！"在文章的最后，鲁迅更强调："战斗的文章，乃是先生一生中最大，最久的业绩，假使未备，我以为是应该一一辑录，校印，使先生和后生相印，活在战斗者的心中的。"

　　章太炎逝世后，对他的评价有两种：一种因其晚年颓唐而否定他的一生，对他任意讥诮嘲骂；一种则只肯定他在学术史上的价值，而对他早年的革命言行则予以抹杀。而鲁迅则从这两种评价中"救"出章太炎。他指出：章太炎的一生是有辉煌的价值的，而这种价值更大地体现在他早年的那种革命言行上。

　　读关于章太炎的这篇文章，鲁迅临终前的心态、情怀也跃然纸上。在中国文化人中，鲁迅真是一个特异者。这种特异性从多方面表现出来。而在生命的最后时刻，在身体已极度虚弱的情形下，斗志还如此旺盛，也正是一种特异的表现。"战斗的文章，乃是先生一生中最大，最久的业绩"，这何尝不可视做是鲁迅临终时对自己一生的评价呢！回首往事,"日战夜战,水战火战",就这样战到了生命的终点。而站在终点上回首时仍斗志昂扬,说明鲁迅对一生的战斗没有丝毫悔意。尽管每每战得浑身伤痕,尽管连鼻子也都"碰扁",站在生命终点上,鲁迅却并不感到不必要,不值得。死亡不能勾销这些战斗的意义,——鲁迅坚信这一点。

早先活泼、大胆、敢打敢冲,后来却消沉、谨慎,甚至僵化保守,这样的人,在20世纪的中国文化人中,可以找出一大批来。这其实是一种相当值得探讨的"中国知识分子现象"。鲁迅晚年对这种现象多有论及,也屡屡表现出对这种现象的深恶。在写于1934年4月的《"京派"和"海派"》中,鲁迅论及法朗士小说《泰绮丝》中的泰绮丝时,说:"她在俗时是泼刺的活,出家后就刻苦的修,比起我们的有些所谓'文人',刚到中年,就自叹道'我是心灰意懒了'的死样活气来,实在更其像人样。我也可以自白一句:我宁可向泼刺的妓女立正,却不愿意和死样活气的文人打棚。"死样活气,是鲁迅所最厌恶的现象之一,这也使得他即使在死亡真的来临时,精神也丝毫不显出"死样活气"相。

鲁迅晚年在与人通信中,对文人的精神颓唐现象,还时有深刻的揭示。

在1930年2月22日致章廷谦信中,鲁迅说:"语丝派的人,先前确曾和黑暗战斗,但他们自己一有地位,本身便又变成黑暗了,一声不响,专用小玩意,来抖抖的把守饭碗。"寥寥数语,刻画出一类文化人的灵魂和嘴脸。在自己无权无势、受着黑暗的压迫、是一个被侮辱与被损害者时,愿意和敢于与黑暗战斗,但稍获名利,在社会上占有了一点地位,有时甚至是一点可怜的地位时,便"洗心革面",只想着怎样保持既得的那份利益,为此甚至不惜压迫、侮辱和损害那些无权无势者。——他们毕竟也能压迫、侮辱和损害别人了!

在1935年6月24日致曹靖华信中,谈及瞿秋白的被害时,鲁迅说:"但我以为哭是无益的,只好仍是有一分力,尽一分力,不必一时特别愤激,事后却又悠悠然。我看中国青年,大都有愤激一时的缺点,其实现在秉政的,就都是昔日所谓革命的青年也。"昔日的革命青年,也曾为革命者的被杀戮而愤激,但一旦自己秉政后,却会毫不留情地杀戮今日的革命青年。同理,今日的革命青年会为革命者的被杀戮而愤激,而明日若也秉政,则也会并不手软地杀戮明日的革命青年。愤激一时,不久就淡忘,甚至变节,这种现象,鲁迅目睹过许多。鲁迅一再呼吁要有一种韧性的战斗精神,而这也就需要有一种深沉、持久的愤激。鲁迅自己,是将愤激变成一种日常的心态的,一直到临终,这种愤激还表现得那样耀眼灼人,丝毫没有"强弩之末"之感。

鲁迅一生,多次与人"闹翻",原本是朋友甚至战友者,后来不少都绝交,反目,甚至成仇。有人以为,这说明了鲁迅的难以相处。其实,因为私事而与人割席分坐的情形,在鲁迅一生中是少有的,而与文化界中人的疏远、为敌,则多是在人生态度、文化观念、政治立场上的分歧所致。其中一个原因,便是鲁迅不能容忍这些人精神上的颓唐、变节、死样活气。原本是朝着同一目标并肩前进的人,却突然停步,甚至后退,而鲁迅却仍要前进,这自然便要分道扬镳了。例如所谓"语丝派"的人,当初鲁迅与他们一起和黑暗战斗,后来,当他们自身也变成了黑暗,只顾"抖抖地把守饭碗"时,鲁迅与他们也就"道不同不相与谋"了。1930年3月27日致章廷谦信中,说到这些人时,鲁迅又说:"至于北京……则昔之称为战士者,今已蓄意险仄,或则气息奄奄,甚至举止言语,皆非常庸鄙可笑,与为伍则难堪,与战斗则不得,归根结底,令人如陷泥坑中。"

当五四新文化运动正处高潮时,鲁迅是有着一批"战友"的。与其中的一些人比,鲁迅还算是稍后才投身到这种启蒙运动中来的。他当初就是在钱玄同的劝说下,才脱身佛经古碑,提笔写下了第一篇白话小说

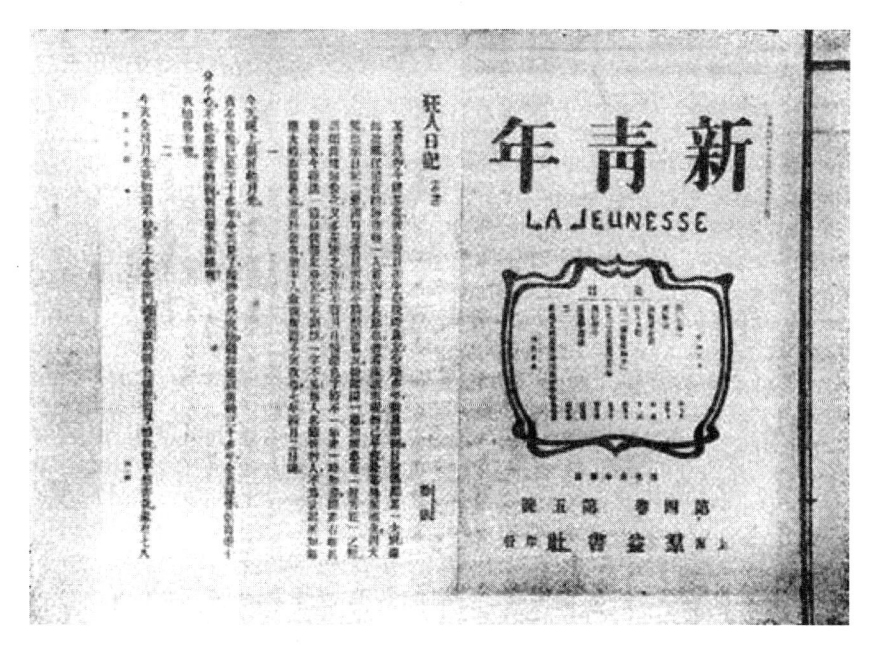

1918年，鲁迅（原名周树人）首次用"鲁迅"这个笔名在《新青年》杂志发表《狂人日记》。《狂人日记》是中国现代革命文学的第一篇白话小说，是讨伐孔孟之道的战斗檄文。

《狂人日记》。然而，后来，这些"战友"们却几乎无一人能长久地坚持下来，至于钱玄同，则成为那种"举止言谈，皆非常庸鄙可笑者"，以致鲁迅回北京时见到他都不欲搭话。鲁迅是真正把五四新文化运动的启蒙和战斗精神坚持到生命终点的。在30年代的文化界，像鲁迅这样"老牌"而又没颓废的启蒙者，似乎只有极少数。

1934年5月6日致杨霁云信中，谈及其时所谓闲适、空灵的小品文的流行时，鲁迅说过这样一番话："以革新或留学获得名位，生计已渐充裕者，很容易流入这一路。盖先前原着鬼迷，但因环境所迫，不得不新，一旦得志，即不免老病复发，渐玩古董，始见老庄，则惊其奥博，见《文选》，则惊其典赡，见佛经，则服其广大，见宋人语录，又服其平易超脱，惊服之下，率尔宣扬，这其实还是当初沽名的老手段。"革新，在有些人那里，不过是获取名位的手段。一旦功成名就，革新这块敲门砖,便被弃置不顾,却又大倡复古起来。在30年代,掀起复古潮流的,便有几个在五四时期很激进很革新的人。鲁迅当年曾与他们一起批判旧文化、抗击守旧派,而后来,鲁迅批判和抗击的对象,正是当年的"战友"。——鲁迅的立场始终如一,而当年的"战友"却走到当年的自己的对立面去了。

那些曾经很激烈勇猛,而后来却消沉颓唐,甚至走上复古之路的人,鲁迅总希望他们早年的形象能更鲜明地留在人们心中,能对后人产生更大的影响,而对他们后来的言行,则加以批判,也是希望他们有害的一面能在社会上影响小些。在章太炎逝世时,鲁迅作文盛赞他早年的革命风采、斗士精神。对刘半农,他也作过同样的评价。在《新青年》时期,鲁迅与刘半农是"战友",也是朋友,后来,刘半农也一洗五四时期勇猛革新的精神,加入了复古的潮流,于是鲁迅便与他没有了来往。1934年,当刘半农病逝时,鲁迅写了《忆刘半农君》,指出他曾是《新青年》里的一个战士,"活泼,勇敢,很打了几次大仗",而对他后来的"做打油诗,弄烂古文"表示了不满。最后,鲁迅说:"现在他死去了,我对于他的感情,和他生时也并无变化。我爱十年前的半农,而憎恶他的近几年。这憎恶是朋友的憎恶,因为我希望他常是十年前的半农。他的为战士,即使'浅'罢,却于中国更为有益。我愿以愤火照出他的战绩,免使一群陷沙鬼将他先前的光荣和死尸一同拖入烂泥的深渊。"在鲁迅看来,五四时期作为战士而活跃的刘半农,是他一生中最光亮最有价值的时期。鲁迅想让人们记住作为战士的刘半农,而不要只记住了"做打油诗,弄烂古文"的刘半农而忘记了他的先前,或者干脆将其整个地忘却。

刘半农死后,有人利用他先革新而后复古的经历,来打击所谓"趋时"的现象。这仿佛在说:你看,刘半农当初何等激进,后来不是幡然悔悟了吗,可见"趋时"是要不得的!面对这种论调,鲁迅便在写过《忆刘半农君》十多天后，又写了《趋时与复古》一文，指出刘半农的声望，正是因当初的"趋时"而确立的，否则，世间也就根本不知道有刘半农其人，而现在也就不可能被用做打击"趋时"的利器。刘半农后来"自己爬上了一点，也就随和一些，于是终于成为干干净净的名人"。既以"趋时"出名，而又变得不再趋时后，便能成为医治新的"趋时"的"良药"。鲁迅并且指出，同样的现象在康有为、严复、章太炎身上都发生着。康有为、严复、章太炎都是以"趋时"而成就大名的，后来，却都成为复古的干将。康有为成了复辟的祖师，袁世凯想当皇帝偏要严复劝进，孙传芳也请章太炎主持投壶仪式。原因就在于他们曾经"趋时"，复起古来也特别有号召力。以"趋时"而获取名望，再利用这名望来反对新的"趋时"，——这是20世纪中国文化史上一种很值得玩味的现象。在《趋时与复古》的最后，鲁迅说："我并不在讥刺半农先生曾经'趋时'，我这里所用的是普通所谓'趋时'中的一部分：'前驱'的意思。他虽然自认'没落'，其实是战斗过来的，只要敬爱他的人，多发挥一点，不要七手八脚，专门把他拖进自己所喜欢的油泥里去做金字招牌就好了。"

在《关于太炎先生二三事》里，鲁迅强调战斗的文章，是章太炎一生最大的业绩，并为章太炎不将这类文章收入手定的《章氏丛书》而遗憾。而在终止于临终前两日的未完稿《因太炎先生而想起的二三事》

钱玄同（1887～1939），字德潜，号疑古，浙江吴兴（现浙江湖州市）人。语言改革活动家、文字音韵学家，五四新文化运动的倡导者之一。

里，则从另一个角度为章太炎不将那些论战的文章存留而惋惜。鲁迅谈起，三十多年前，章太炎曾与吴稚晖发生激烈笔战，至于"夹着毒詈"。三十多年后的1936年，吴稚晖讥讽章太炎受国民政府优遇时还提起当年旧账，"至今不忘，可见怨毒之深了"。吴稚晖并没有"宽恕"章太炎，而章太炎却似乎早宽恕了吴稚晖，文集中不收当年与吴论战的文章，便说明他不想让此事再为人所知。然而，这"其实是吃亏，上当的，此种醇风，正使物能遁形，贻患千古"。要讲"宽恕"，必须对方也是一个懂得和愿意"宽恕"的人，否则，便等于自动缴械，延颈受戮。而真懂得和愿意"宽恕"的人，在中国其实是极少的，那种将"宽恕"时刻挂在嘴边的人，往往心中正磨刀霍霍。深懂得此理的鲁迅，临终也必然有一种"不宽恕"的心态，并且敢于把这种心态表露出来。

"都和我有关"

　　站在人生的终点，鲁迅回忆着历次的战斗，"怨敌"们的身影当然也会在眼前浮现。鲁迅一生与黑暗战斗，希望着将来的中国能够光明些。这种与黑暗的战斗在临终的一刻还在继续，而这种对将来的希望，在临终的时候也异常强烈。既如此，也就自然谈不上对"怨敌"们的"宽恕"。"怨敌"，本就是黑暗的一部分，"宽恕"了"怨敌"，也就"宽恕"了黑暗，同时也就意味着放弃了对"将来"的希望。所以，当鲁迅在临终前不久所写的《死》中，表示对"怨敌"们"一个都不宽恕"时，并不应该让人感到不可理解。

　　在鲁迅临终前的一段时间，中日关系愈来愈紧张，国土面临着全境陷亡的危险。这势必使得国内政治上、文化上的各种力量都在救亡的旗帜下联合起来，结成统一战线，共同抗拒外来侵略者。即便是过去的"怨敌"，只要能在抗日救国这一点上达成共识，也就可以团结起来，并肩对外寇作战。对于这样一种联合战线，鲁迅当然也认为是必要的。反抗外寇入侵，把外来的强盗从中国赶出去，这在当时毕竟是最急迫最重要的任务。

然而，对于这样一种联合战线，临终的鲁迅也有着明显的担忧。

改造中华民族的国民性，驱除本国的黑暗，是鲁迅毕生为之奋斗的。他致力于揭出本民族精神上的病苦，以期引起疗救的注意；他不懈地指出中国社会的不合理因而必须根本改造。而也就是在这过程中，结下了许多"怨敌"。而"联合战线"的旗帜，则可能将本民族的种种弊病，将中国社会固有的黑暗都掩盖了。本来便并不坚实的启蒙成果，也可能被救亡的浪潮冲得干干净净。在外敌面前，本民族的一切人，可能都无条件地成了"兄弟"。主人与奴隶，压迫者与被压迫者之间的一切恩怨，都可能被"联合战线"的巨笔轻易勾销。尤其是，当广大民众处于"想做奴隶而不得"的境遇中时，会视那种"暂时做稳了奴隶"的时代为理想盛世。而如若这样，即使外敌被逐，救亡告成，中国也仍然是过去的中国。原有的黑暗非但不减弱，也许反而被巩固，民众虽然免于当亡国奴，但仍是本国统治者的奴隶，而国民性也许将变得更加板结，原有的种种弊病甚至也被涂抹上油彩……

怀着这样一种担忧，鲁迅一方面承认联合战线的必要，另一方面也强调不应在联合战线的名目下，将一切分歧都抹平。在《答徐懋庸并关于抗日统一战线问题》中，鲁迅指出："我以为文艺家在抗日问题上的联合是无条件的，只要他不是汉奸，愿意或赞成抗日，则无论叫哥哥妹妹，之乎者也，或鸳鸯蝴蝶都无妨。但在文学问题上我们仍可以互相批判……我以为在抗日战线上是任何抗日力量都应当欢迎的，同时在文学上也应当允许各人提出新的意见来讨论，'标新立异'也并不可怕……"抗日固然是当务之急，在抗日这一基本点上，各种各样的人都可以联合起来，但是，若以抗日的名义混淆其他的一切是非，取消先前的一切差异，则也是鲁迅不能接受的。"叫哥哥妹妹，之乎者也，或鸳鸯蝴蝶者，如果他们愿意或赞成抗日，说明他们有着起码的民族感情。这种民族感情当然是可嘉的。但这并不意味着他们的文化观念、文学趣味，也同时变得正确或可嘉了。在共同的民族感情这一基础上，各种各样的人可以结成战友，但在其他方面，却仍然不妨是敌人。"

本民族内部，原本有着尖锐的利益冲突，有着主人与奴隶，压迫者与被压迫者的差异。在外敌面前，大家当然都应该共同捍卫民族利益。但在共同的民族利益面前，却不应该将本民族内部的利益冲突彻底忘却。奴隶和被压迫者，当然应该与主人和压迫者一起抗击入侵者，但他们不应该因此便忘记自己的奴隶和被压迫者的身份，不应该从此丧失反抗本民族主人和压迫者的意愿。在《半夏小集》中，鲁迅写下了这样一段话：

用笔和舌，将沦为异族的奴隶之苦告诉大家，自然是不错的，但要十分小心，不可使大家得着这样的结论："那么，到底还不如我们似的做自己人的奴隶好。"

这实际上也可视做鲁迅的一种"遗嘱"。在国难当头的时候，唤醒大众的民族感，激发大众对外敌的愤恨，不用说是很必要的，但在这样做时，却"要十分小心"，不能让大众产生这样的感觉，即外敌入侵前的生活是很美满的，而一切痛苦、不幸，都是由外敌造成的，只要把外敌赶出去，便万事大吉。如果造成这样的后果，那无异于在唤醒大众的民族感情的同时，也在愚民；在激发民众反抗外敌的斗志的同时，也在泯灭民众反抗本国统治者的斗志。

在写于1925年7月的《论睁了眼看》中，鲁迅曾指出：

中国人的不敢正视各方面，用瞒和骗，造出奇妙的逃路来，而自以为正路。在这路上，就证明着国民性的怯弱，懒惰，而又巧滑。一天一天的满足着，即一天一天的堕落着，但却又觉得日见其光荣。在事实上，亡国一次，即添加几个殉难的忠臣，后来每不想光复旧物，而只去赞美那几个忠臣；遭劫一次，即造成一群不辱的烈女，事过之后，也每每不思惩凶，自卫，却只顾歌咏那一群烈女。仿佛亡国遭劫的事，反而给中国人发挥"两间正气"的机会，增高价值，即在此一举，应该一任其至，不足忧悲似的。

鲁迅在临终前不久写下的《"立此存照"（三）》中又说：

其实，中国人是并非"没有自知"之明的，缺点只在有些人安于"自欺"，由此并想"欺人"。譬如病人，患着浮肿，而讳疾忌医，但愿别人糊涂，误认他为肥胖。妄想既久，时而自己也觉得好像肥胖，并非浮肿；即使还是浮肿，也是一种特别的好浮肿，与众不同，如果有人，当面指明：这非肥胖，而是浮肿，且并不"好"，病而已矣。那么，他就失望，含羞，于是成怒，骂指明者，以为昏妄。然而还想吓他，骗他，又希望他畏惧主人的愤怒和骂詈，惴惴的再看一遍，细寻佳处，改口说这的确是肥胖。于

1936年10月22日，许广平同志为鲁迅逝世作的挽词《鲁迅夫子》。

是他得到安慰，高高兴兴，放心的浮肿着了。

在临终前，鲁迅重复十多年前说过的话，意味着他仍然将启蒙置于一种不可动摇的地位。在鲁迅看来，救亡非但不应冲淡和取消启蒙，相反，在国难声中，更应该坚持和强化启蒙。在民族危亡的时刻，民族精神中包括"瞒和骗"在内的种种病苦，都会以一种冠冕堂皇的方式强烈地表现出来。而在某种意义上，民族精神中的这种种病苦，正是导致民族一次又一次危亡的根源。因此，在救亡的旗帜下，非但不应放过民族精神上的这种种病苦，相反，倒是应该给予更严厉的针砭。——这才是根本意义上的"救亡"。

有人说，鲁迅是"人之将死，其言也恶"。这自然也不错。就说那篇《女吊》吧，便是借对儿时的回忆，而对被压迫者的复仇予以热烈的肯定和称颂。鲁迅是厌恶"犯而勿校"、"勿念旧恶"这类"格言"的。他认为，这类"格言"，不过是"吸血吃肉的凶手及其帮闲"们用来麻醉被吸被吃者的一种手段。吸了别人的血吃了别人的肉，"损了别人的牙眼"，却又反对报复，用"宽恕大度"、"摒弃前嫌"一类彩绳捆住别人的手脚，这在中国也是一种常见的现象。临终的鲁迅，仍对这种现象表示出极度的痛恶。

然而，临终的鲁迅，也表现出很温暖很"人情"的一面。同《女吊》一样，《我的第一个师父》也是对儿时经历的回忆。但《我的第一个师父》，却是充满温馨的。即便在《女吊》中，也有令人会心一笑之处。例如，在写到"女吊""将披着的头发向后一抖，人这才看清了脸孔：石灰一样白的圆脸，漆黑的浓眉，乌黑的眼眶，猩红的嘴唇"之后，鲁迅说："假使半夜之后，在薄暗中，远处隐约着一位这样的粉面朱唇，就是现在的我，也许会跑过去看看的……"一种鲁迅特有的率真从字里行间流露出来。

强烈地表现出鲁迅临终时那种博大的情怀的，是写于逝世前不到两个月的《"这也是生活……"》。这是鲁迅在病情稍缓时写自己大病中的感受的。当大病中处于一种"静静的死"的状态时，"什么欲望也没有，似乎一切都和我不相干，所有举动都是多事"。然而，在病情略有转机之后的一天深夜，鲁迅醒来了：

街灯的光穿窗而入，屋子里显出微明，我大略一看，熟识的墙壁，壁端的棱线，熟识的书堆，堆边的未订的画集，外面的进行着的夜，无穷的远方，无数的人们，都和我有关。我存在着，我在生活，我将生活下去，我开始觉得自己更切实了，我有动作的欲望……

后 记

被许多人所敬爱和称颂,也被不少人所仇视和责难,——鲁迅的生后一如生前。

正如敬爱和称颂的原因并不相同一样,仇视和责难的理由也并不一致。

在仇视和责难者中,有一类是对鲁迅有着近乎本能的嫉恨。酒精过敏者,杯一沾唇,便面孔涨红,双目充血,浑身发痒,甚至口吐白沫,抽筋打颤。而这类人,则一闻"鲁迅"二字,便气急胸堵,目露凶光,一向平和温软的语调也顿然恶狠狠起来,仿佛见到了不共戴天的仇人,——他们嫉"鲁"如仇。

例如那位苏雪林女士,便可算做这类人的代表。鲁迅刚逝世,她便以纤纤素手,奋力举起了"反鲁"的旗帜。用她自己的话说,"'反鲁'几乎成了我半生的事业"。20世纪60年代,她从海外到台湾定居,写了《鲁迅传论》一书,可谓"妙语连珠"。援"奇文共欣赏"之义,不妨略举一二。谈到鲁迅婚姻时，苏女士云："鲁迅对他太太并无情感，新婚未及一月便又去日本了。以后与其妻似乎亦未重聚。嫌她貌陋，则鲁迅自己并非美男子，嫌她性情乖张，则鲁迅之乖张更可怕，究为何故，不得而知。"谈到鲁迅的经历时，则云："鲁迅读书老是读一个时期便换学校，当教员也爱跳槽，想必是欢喜同学校当局摩擦，或与同事闹脾气，亦可见他与人相处之难。"在谈到"少时困厄环境逼成"了鲁迅的"病态"时，苏女士把话锋一转：

不过话不可一概而论，历史上有许多伟人幼小时都曾在贫穷困顿的环境里打过滚来。别的且不说，以现任总统蒋公为例吧，据蒋公自述："九岁丧父，一门孤寡……"比鲁迅家所遭更坏……为什么幼年时代环境的不顺，并不足妨碍蒋公岳峙渊淳的气度……？可见鲁迅性情的恶劣，大半实由天然生就，所谓"根性"者是。

竟然要用"现任总统蒋公"的"岳峙渊淳"来印照出鲁迅"性情的恶劣"，真叫人不知怎样说她才好。

苏女士曾是颇有些名气的作家，也曾厕身于大学讲坛，好歹也算个文化人。但一提到鲁迅，便出语与村妇毫无二致，也真是"实由天然生就，所谓'根性'者是"。

如苏雪林一般嫉"鲁"如仇者，今日文场当然也有。大大小小，面目各异的"顽主"们，一提到鲁迅，便要血压猛升，心律失调的，而且也每每出语如同村夫，或干脆显出市井间无赖儿郎相。有人说，这是"无缘无故的恨"，其实，又何尝没有缘故。

对这类人，与之辩驳，都有些无聊。鲁迅如不被这类人恨，则鲁迅也就不成其为鲁迅。

另有一类人，之所以对鲁迅心有不满，语含指责，则是因为对鲁迅有着种种误解。

鲁迅生命的最后十年,是在上海度过的。而这十年,鲁迅招致的误解尤其多。

常有人以为鲁迅"骂人"太刻毒。其实,如果了解鲁迅每一论战的前因后果,如果知道鲁迅是怎样被攻击、被反噬、被陷害,便会觉得鲁迅的"刻毒"实在并不过分。

更有人以为,鲁迅是睚眦必报的。他不是反对"宽容"、拒绝"宽恕"的么,那一定是"人若犯我,我必犯人"的。其实,鲁迅晚年,常处于围剿之中。当乱箭射来时,他即便想一一回击,也不可能做到。当谤讥如潮时,鲁迅固然也时时还击,但更多的时候是置之不理。骂他的文章,就是被特意寄到手边,他也不急于看。只是在要用做材料时,才去一翻。晚年,他数次说过"倘再与叭儿较,则心力更多白费"一类的话,而临终前不久,则更说过:"最高的轻蔑是无言,而且连眼珠也不转过去。"

以上不过聊举几例而已。晚年鲁迅招致的误解,是多方面的。而这本小书,如能多少澄清一点人们对鲁迅的误解,多少加深一点人们对鲁迅的理解,便也不算完全在灾梨祸枣了。

我引用鲁迅原文时,都在行文中点明了文章题目和写作年月。其他的著作,引述不多,也是在行文中点明了作者和书名。有些资料,转引自天津人民出版社出版的《鲁迅生平史料汇编》第五辑,在此特做说明。

1997 年 4 月 21 日夜　紫金山下
2013 年 7 月 20 日修订定稿